소리·스물일곱

부처님의 언설과 어법

말한이 활 성 | 엮은이 김 용 호

고요한소리

일러두기

* 이 책은 활성 스님이 2008년 4월 12일 〈고요한소리〉 역경원에서 하신
  법문을 중심으로 김용호 박사가 엮어 정리하였다.
* 본문에 인용된 경은 영국빠알리성전협회PTS에서 간행한 빠알리 경전을
  저본으로 하고 있다.

차 례

1. 부처님, 진리를 언설화하시다

담마를 일상 언어에 담다

과거에도 깨달음을 성취한 분들은 꽤 있었습니다. 예를 들면 중국에도 공부인들이 한소식해서 '마음의 주인공' 노래도 부르곤 했습니다. 그런데 답답한 사정은 누구도 이 소식을 제대로 논리적 언설로 표현할 길을 못 찾았다는 겁니다. 중국 조사선에서는 '격외담格 外談'이라 해서 말로 담을 수가 없으니 말의 틀을 깬, 말 바깥의 말로 그 소식을 표현했습니다. 선문답이 바로 그런 격외담이지요. 일상 언어의 틀 안에서는 도저히 그 소식을 담을 수 없었으니까요.

그럼에도 부처님은 틀 안의 말로 틀 바깥의 소식까지도 자연스럽고 질서 정연하게 담아내셨습니다. 부처님은 결코 보통 사람들이 알아들을 수 없는 말을 일부러 쓰신 적은 없었던 것 같습니다. 당신께서 의도하신 바를 보통언어로 자유자재하게 표현하셨지요. 그것도 대단히 논리정연하게 말이지요. 논리란 한정된 틀인데 부처님은 그러한 논리의 틀에다 틀 바깥의 세계까지 원만하게 담아내셨습니다.

부처님이 깨달으신 구경究竟 지혜의 소식은 누구도 따라갈 수 없을 정도로 심오하고 미묘해서 도저히 언어로 담아낼 수 없는 것이었습니다. 식識, 윈냐아나 *viññāṇa*의 차원을 멀리 넘어선 세계이기 때문입니다. 식이란 바깥 대상을 분별 구분하여 아는 것으로 그 식의 표현 수단은 언어와 논리이지요. 부처님은 식을 넘어선 저 아득한 지혜의 세계마저 식의 언어와 논리에다 담아내신 겁니다. 그렇게 언어로 담아낸 진리의 가르침을 법法, 담마Dhamma라 합니다. 부처님은 그런 담마를 세우는 데 성공하신 분입니다. 진리를 깨달은 사람들은 많았겠지만, 그 진리를 담마 체계로 정연하게 언설화하여 담아내는 데 완벽하게 성공하신 분은 인류역사상 부처님뿐일 것입니다.

높은 지혜로 발견한 진리를 언어에 담아 법으로 세우셨기 때문에 우리는 그분을 법왕法王이라 일컫습니다. 그래서 깨쳤다는 면에서는 다 같은 아라한이지만 부처님께는 특별히 십호十號가 붙지요. 아라한阿羅漢, 정등각자正等覺者, 명행족明行足, 선서善逝, 세간해世間解, 무상사無上士, 조어장부調御丈夫, 천인사天人師, 불

佛, 세존世尊입니다.[1] 우리가 부처님께 조석으로 예불을 드리는 이유도 법의 완성을 이루어 이를 언설에 담아 만중생을 이익되게 하셨기 때문입니다. 그래서 부처입니다.

부처님은 대각을 성취하시고 그 경계를 우리에게 메시지로 전해주고자 하셨습니다. 그런데 이걸 어떻게 전할 것인가가 문제였지요. 어떻게든 우리 속인들이 쓰는 말, 우리가 이해할 수 있는 언어를 통해서 의사를 전달해야만 하겠는데 그런 내용을 담아낼 공간이 기존 언어체계에는 마련되어 있지 않았기 때문입니다. 담마가 아무리 위대하더라도 우리가 못 알아듣는

1 《상윳따 니까야야*Saṃyutta Nikāya* 相應部》, 55:1 〈전륜성왕 경*Rāja sutta*〉, V, 343쪽 ; 활성 스님, 소리 열셋《우리 시대의 삼보》,〈고요한소리〉(2023) 참조.

언어로 말씀을 하시면 우리에겐 전달이 안 됩니다. 우리가 못 알아듣지요. 사실 부처님이 우리에게 전해주고자 하신 메시지는 우리 중생이 전혀 생각도 못 해본 까마득한 소식인 것입니다. 그걸 알아듣게끔 전하려면 얼마나 고충이 크셨겠습니까. 그러나 아무리 힘들어도 해내야 할 일입니다. 고심 끝에 마침내 이룩해내신 전대미문의 대大 걸작이 바로 법의 언어들, 담마 랭귀지 *Dhamma Language*입니다. 그래서 담마 체계야말로 부처님이 시현하신 대大 신통 그 자체라 하겠습니다.

마침내 이런 과정을 통해 중생들이 쓰는 어휘들이 법의 언어와 맞닿게 되었습니다. 때로는 새로운 언어를 만드시기도 하고 때로는 분위기나 전후 맥락에 따라 우리가 능히 짐작할 수 있는 범위에서 어휘의 뉘앙스를 바꾸어 말씀을 하시기도 합니다. 어휘는 우리가 쓰는 어휘를 그대로 쓰시는데 내용은 당신이 전하고 싶은 뜻에 가깝도록 이끌어 가시는 거지요. 그러다 보니까 학자들 중에는 '부처님 가르침에 참신성이 없다.'는 말까지 나옵니다. 부처님 당신이 쓰고 있는 개념들이 이미 인도에 있던 개념들이라는 겁니다.

다시 말해 부처님이 그 시대에 일반적으로 쓰이던 어휘들을 빌려다 쓸 수밖에 없었던 이유인즉 우리가 쓰는 말을 통해서 당신 뜻을 전하려 노력하셨기 때문입니다. 그러면서도 우리가 상상도 못 했던 높은 세계를 세속의 어휘들을 통해서 전달하는 데 성공하신 겁니다. 기적입니다. 그런데 우리는 부처님이 겨냥하시는 뜻을 단박에 알기는 어렵습니다. 처음에는 부처님 가르침의 개념들을 피상적이고 상투적으로 이해하지 않을 수 없지만, 점차 따라가다 보면 어느덧 부처님이 목표로 하시는 그 지점에 도달하게 된다는 겁니다. 향상의 길을 나아가서 궁극의 목표인 해탈·열반에 이르게 된다는 뜻입니다. 그게 일상 언어에 담마를 담아내신 부처님 지혜입니다.

담마 언어에 담긴 것, 그것은 무엇인가? 불교에는 '진리가 있고, 담마Dhamma[法]가 있고, 논論이 있다.'고 합니다. 우리가 불교를 접하는 데 이 세 가지를 유념해서 바라보는 눈이 요긴합니다. 진리가 있고, 담마가 있고, 논이 있다!

저도 한 삼십 년간 이걸 붙들고 이해하려 고심했는데, 부처님의 가르침에는 '시공을 초월하는 차원'과 '시공에 구애되는 차원'이 있을 것이라고 생각하게 되었습니다. 시공을 초월하는 차원은 말 그대로 진리입니다. 초 시공의 진리 세계는 시공에 얽힌 언설로 담기 어렵습니다. 하지만 부처님 같은 분에 의해서 초 시공의 진리가 언설화되어 법, 담마가 됩니다.

물론 사람마다 언설화하는 태도나 방식이 다를 수 있어요. 여러 종교가 있고, 불교에도 여러 부파가 있듯이, 언설화의 방식이 다양하게 있을 수 있지요. 그러나 초 시공의 진리를 언설화한 법法, 담마라면 수미 정연하게, 처음부터 끝까지 일관된 질서와 체계를 갖추어야 합니다. 그래야 법다운 법이 됩니다. 법이란 말은 한문에서 '이치에 맞다, 이치 그대로다.' 이런 뜻이지요. 이치에 시종일관 충실해야 하는 것이 법입니다. 이런 법을 담은 언어, 즉 담마 랭귀지가 이치에 시종하는 체계를 갖춘 언어라는 것, 그것은 부처님 가르침이 높은 진실성을 담아냈다는 것을 의미합니다.

극단으로 흐르게 마련인 세속 언어

진리를 언어에 담는다는 것은 사실상 불가능에 가까울 정도로 어려운 일입니다. 왜냐하면 우리가 쓰는 세속 언어는 진리를 왜곡시킬 위험성을 구조적으로 내포하고 있기 때문입니다. 그렇지만 부처님은 우리가 쓰는 어휘를 통해 당신의 메시지를 성공적으로 담아 담마를 세우셨습니다. 잘 알려진 바와 같이 부처님은 듣는 사람의 근기에 따라 대기설법을 하셨지요. 그래서 설하신 법문 하나하나가 그대로 경이 된 겁니다.

사실상 일반적으로 우리가 사용하는 세속 언어는 극단화될 소지가 클 뿐 아니라, 이렇게도 저렇게도 해석할 수 있는 여지가 많습니다. 언어들이 사용되는 배경이 그렇고 생태도 그렇지요. 그렇게 치우친 말을 가지고 날이면 날마다 대화를 나누고 시비를 가리고 하니까 조용할 날이 없는 겁니다. 말은 자칫 상대방에게 비수가 되거나, 아니면 터무니없는 사탕발림이 되거나 하지요. 이처럼 세속 언어는 양극단으로 흘러 중도中道를 벗어납니다. 중도를 벗어난 말들을 쓰는데 어떻게 그 사유와 마음가짐이 중도적이 되겠습니까? 그 치우친 마음을 가지고 어떻게 중도를 실현하겠습니까?

이런 현상은 관념적 철학 언어의 영역에서도 별반 다르지 않을 것 같습니다. 예를 들면 12세기 주자朱子 시대 이전에는 중국에 이기이원론理氣二元論 같은 고차원의 철학적이고 추상적인 논의가 유행한 일은 없었던 것 같습니다. 그러다가 주자 성리학性理學이 생길 무렵에 이기론理氣論에서 보듯이 이원론과 일원론이 대립하여 치열한 논쟁이 벌어집니다. 중국의 언어와 문화가 대체로 사변적이라기보다는 직설적인 쪽에 가까운데 그런 풍토에서 불교의 영향을 받은 사람들이 철학적 경향을 띠게 되어서 그런 추상적 관념적 논쟁을 벌이기에까지 이르게 된 것으로 보여집니다.

중국 사람들은 대체로 '음양 이원론'에서 보듯이 음양이니 오행이니 하면서 우주 삼라만상을 다 요약 정리해서 직설적으로 간단하게 결론짓고는 하지요. 그래서 불교 수행과 연관된 '행行'이나 '법法' 같은 말을 가져와서는 우주를 보는 잣대로 만든 것처럼 보여지기도 하는데 그게 '이기理氣'가 아닐까요? 그러면 행은 기氣가 되고 법은 이理가 될 수 있습니다. 행과 법을 이기로 치환해서는 어느 게 먼저냐 하는 논쟁을 하지요. 닭이 먼저냐 달걀이 먼저냐, 그렇게 나가다 나중에는 이원론적 경쟁도 일원론적 결론으로 귀착하는 것으로 보입니다. '우주를 형성·지배하는 법칙은 원래 하나지 둘일 수 없다.' 이렇게 되는 것 같습니다.

이런 논리가 우리나라에 도입되면서 더 활기를 띠게 됩니다. 조선 시대 사상계를 대표하는 인물로 화담 서경덕과 퇴계 이황, 율곡 이이를 우선 들 수 있습니다. 화담은 기일원론氣一元論을, 퇴계와 율곡은 이기이원론理氣二元論을 견지하는 가운데서도 퇴계는 주리설主理說을 주장하고, 율곡은 이기지묘론理氣之妙論으로 이理와 기氣의 불가분성을 주장하는 등 중국보다 한층 다양한 진보 양상을 연출합니다. 다시 더 내려와 조선 후기에 오면 실학인 북학에서는 기론氣論이 다시 득세하지요. 정신적 요소가 아니라 물질적 요소가 우주를 형성하고 지배하는 원리라는 겁니다. 그 기일원론이 요새 말로 하면 유물론에 가까운 것입니다.

이런 논란들은 역사적으로 보면 상당한 선견지명이라고도 볼 수 있을 겁니다. 마치 '너희들 조금 있으면 서양의 유물론과 자본주의 같은 진짜 물질주의가 올 테니까 미리 정신적 대비를 하라.'고 가르친 셈입니다. 대승불교에서 '일체유심조一切唯心造'라 할 때는 사실상 심心 일변도이거든요. 주자학에 오면서 이기이원론으로 중도를 찾는 움직임을 보이다가, 다시 기氣 쪽으로 극단화됩니다. 그렇게 왔다 갔다 한다고요. 이처럼 철학 언어도 중도적이 되기는 어렵습니다. 왔다 갔다 할 때 지향하는 기준은 항상 중도입니다. 그렇건만 인간들은 중도에 오래 서서 버티질 못하고 어느 쪽이든 극단으로 치달아버립니다. 중도를 벗어나게 됩니다.

세속 언어는 구조적으로 중도의 진리를 담기 어려운 측면을 갖고 있습니다. 이러한 문제를 극복하기 위해 부처님이 법, 담마 언어라는 걸 쓰시지 않을 수가 없었습니다. 그러면 법, 담마 언어를 쓰시기 위해 부처님은 어떤 입장을 취하셨으며, 어떤 어법을 구사하셨을까요? 이제부터 이를 주제로 살펴보고자 합니다.

2. 정공법으로 설하시다

고苦를 정면에 내세우시다

부처님은 사람들이 가장 생각하기 싫어하는 문제, 즉 고苦라는 문제를 정면에 내세우십니다. 부처님은 어떤 에둘림도 없이 진실을 정면으로 드러내는 화법을 취하십니다. 말하자면 정공법입니다. 이러한 부처님의 가르침 방법은 역사상 나타났던 다른 가르침들과는 사뭇 다르게 비칩니다.

이에 비하면 여타 종교나 철학이나 가르침들은 '고苦' 문제를 우회하거나 회피해 버리지요. '고苦? 안 그래도 가뜩이나 괴로운데 우리의 생각까지 고苦에 붙들어 매라니 너무 힘들어.' 그런 식으로 고苦를 두려워하고 피합니다. 심지어 고苦를 부정하는 데 온갖 심혈을 기울입니다. '이 세상이 고苦'가 아니라는 걸 어떻게든 증명해내고야 말려는 듯이 그들 나름대로 논리를 구축하려 안간힘을 씁니다.

예를 들어 천국을 이야기하기도 하지요. '죽으면 천국에 간다.' 천국은 행복과 기쁨과 즐거움이 꽉 찼다고 하지요. 그런 세계를 약속합니다. '우리가 죽어서 돌아갈 곳은 행복이 가득한 곳, 하나님의 나라다.'라는 거지요. 그건 은연중에 '고苦가 본질적 문제가 아니다.'라고 회피하고 부정하는 이야기입니다. 또 다른 경우도 그렇습니다. 요새 무슬림 세계의 자살 특공대 소년들로 하여금 저돌적이고 맹목적인 행위를 하도록 유도하는 장치가 천국 얘기입니다. 행복을 약속하는 무언가를 내세워서 중생들을 미혹시키는 겁니다. 이 이야기를 뒤집어 보면 그것은 오히려 '이 세상이 고苦다.' 하는 것을 방증하는 겁니다. 이 세상이 고苦가 아니면 굳이 행복을 약속하려고 애쓸 필요가 없잖아요?

후대에 이르러 불교에서도 고苦를 회피하는 현상이 나타났습니다. 삼법인三法印을 봅시다. 근본불교에서는 '무상無常, 고苦, 무아無我'를 삼법인이라고 하지요. 법인法印이란 어떤 법이 진짜 법이냐를 점검하는 수단으로, '무상, 고, 무아'를 갖다 대서 그 잣대에 맞으면 정법正法이고, 그 잣대에 안 맞으면 정법이 아닌 겁니다. 법의 도장을 찍는다는 말이지요. 정법의 잣대는 '무상, 고, 무아'인데, 후대 대승불교에 와서는 '무상, 무아 그리고 열반적정涅槃寂靜'이라 하여 삼법인에서 고苦가 빠지고 열반적정이 들어갔지요. 고苦가 열반적정으로 대체된 것은 고苦에 관한 기피 심리가 밑바탕에 깔려있어서가 아닐까요? 대승불교에서 사법인四法印을 말할 때도 있는데 이때는 일체개고一切皆苦를 넣어 고苦가 들어가기는 하지요. 어떻든 고苦는 언급조차 하고 싶지 않은 마음과 의도가 읽혀지지요?

그런데 부처님은 정면으로 '인생은 고苦다, 이 세상 구조 자체가 고苦다.'라고 선언하십니다. 이 선언이 불교의 근본 출발점을 이룹니다. 낙樂조차도 고苦라는 겁니다. 그 때문에 타협의 여지가 전혀 없습니다. '순간적 행복 같은 것도 가끔은 있으니까 전적으로 고苦는 아니다.' 하는 식으로 구차스러운 논리를 세우지도 않습니다. 또한 '인생이 다 그런 건데, 굳이 고苦를 내세운다고 고苦가 없어지는가? 구태여 고苦를 이야기할 필요가 있는가?' 하는 식의 논리는 아예 들어설 자리가 없습니다.

그러다 보니 고苦를 전면에 내세운 근본불교가 진리로서 빛을 발하는 경우는 의외로 적었습니다. 사람들은 그 진실을 보기가 싫고 두려운 겁니다. 그런 사람들 앞에서 고苦를 전면에 내세운다는 것 자체가 전략적으로 얼마나 불리한 일입니까? 어떻게 해서든 고苦보다는 낙樂, 즐거움, 희망 등 낙관적인 면을 앞세워 이야기해야 포교도 잘 될 텐데 말입니다. 그런데도 부처님은 사성제四聖諦 진리를 말씀하시면서 제일 앞에 고성제苦聖諦를 내세우십니다. 이건 정공법이라도 보통 정공법이 아닙니다.

부처님은 아예 이 세상을 '고해苦海'로 규정지으십니

다. 사람들은 '불교는 심오해, 그렇지만 뭔가 무겁고 어려워.' 그렇게들 생각합니다. 그러고는 '안 그래도 괴롭고 고달픈 세상에 굳이 종교에까지 가서 고苦를 생각할 필요가 있나?' 하는 태도를 갖게 됩니다. 이 점에서 불교가 포교 측면에서는 상당히 불리하다고 볼 수 있습니다. 사람들은 종교를 찾는 그 순간만이라도 어떤 위로와 희망을 찾으려고 애달픈 몸부림을 치지요. 그래서 희망 종교들이 문전성시를 이룹니다. 이 세상살이에 고苦가 심해질수록 더 많은 사람들이 낙樂을 찾아 종교에 몰리지요. 그건 순간적이고 마취적인 착각에라도 빠지고 싶은 마음의 표출이겠지요.

이런 인간 심리를 수긍한다면 불교가 정공법을 가지고 버텨내기가 얼마나 힘들겠어요. 진작 사라져 버렸을 것 같지 않습니까. 그런데도 불구하고 불교는 끄

떡없이 명맥을 이어 오늘까지 잘 유지되어 오고 있지 않습니까. 참 묘한 일입니다. 더욱 신기한 것은 오늘 이 시대에 이르러 불교가 인류에게 당당히 발언해주기를 점점 더 많이 요청받고 있다는 것입니다. 아마 이 시대 가 정공법을 반기는 풍토로 접어들고 있는 건지도 모르겠습니다만.

체계적이고 실천적인 담마 언어

부처님은 당신의 정공법에 적합한 언어 전략을 구사하십니다. 진실을 정면으로 직설적으로 제시하시기 위해 창발적이면서도 체계적인 용어들을 지극히 논리적으로 사용하셨습니다. 먼저 세계관부터 살펴보면 욕계欲界·색계色界·무색계無色界라는 삼계三界의 개념은 부처님이 시설하신 겁니다.[2] 이는 불교 특유의 우주관입니다. 이 삼계론은 그 누구도 생각해 보지 못한 개념들입니다. 당시 브라만교에서는 천天·공空·지地의 삼계를 주로 논하는 수준에서 그쳤지요. 전통 브라만교를 벗어나면 육사외도六師外道 등 당시로서는 혁명적인 새로운 사고들을 만나게 됩니다. 또 고행주의·선정주의禪定主義와 같은 수행체계들도 유행하여 가히 중국의 제자백가, 희랍의 소피스트 시대를 방불케 할 정도로 자유로운 사고와 신개념들이 넘쳐났습니다. 부처님이 출가해서 처음 만났던 스승들인 아알라아라 까알라아마와 웃다까 라아마뿟따 같은 분들은 선정주의자, 즉 정의 세계를 깊이 탐구하는 분들이어서 정에들어 경험하는 정신세계인 무색계의 경지에까지 이르

---

2 활성 스님, 소리 스물여섯《팔정도 다시 보기》,〈고요한소리〉(2022), 101~102쪽 참조.

렸고, 마침내 그 경지가 해탈·열반이라고 생각했던 겁니다. 그 당시에는 무색계라는 명칭도 없었고, 자신들이 무색계를 살고 있다고 생각하지도 않았을 것입니다. 그래서 그들은 부처님에게 '당신도 나와 같이 진리를 깨달았으니, 이 무리를 함께 이끌어가는 스승이 되어주시오.'라고 합니다. 왜냐하면 그들은 그게 구경究竟의 진리라고 생각했으니까요.

그런데 부처님은 '이건 구경의 경지가 아니다.' 하고 그들을 떠나십니다. 그리고 깨달으신 후 당신이 담마를 펴실 때, '그들이 말하는 세계는 무색계 중에서 무소유처無所有處요, 비상비비상처非想非非想處다.' 이렇게 탁 자리를 매기십니다. 그러면 모든 것이 질서정연해지지요. 이런 게 부처님의 어법입니다. 무소유처와 비상비비상처를 해탈이라고 믿는 데 반해 부처님은 그건 욕계欲界·색계色界·무색계無色界로 구성된 이 우주에서 무색계에 속하는 자리라고 알려주십니다. 교통정리를 참 기막히게 해주신 겁니다. 그 높은 정신세계까지 포함하여 모든 정신적 세계를 다 내다볼 수 있게끔 관점을 정리해 주신 겁니다. 그리하여 우리들은 '아, 우리가 사는 세상은 욕계의 일부구나. 그리고 청정한 삶이나 삼매에 들어 경험하게 되는 저 높다는 청정세계라는 것도 한낱 욕계 천상 내지는 색계나 무색계에 속하는 세계구나.' 하고 알게 되었지요.

그렇게 정리되니 다른 종교에서 말하는 창조주 하나님까지도 욕계 천상의 신이거나 기껏해야 색계 초선의 범중천 세계의 소식이더라 이거지요. 그리고 욕계 위에 색계가 있고 또 그 위에는 무색계가 있다는 거고요. 이렇게 깊고 높은 정신세계까지도 정리되면서 우리의 미혹도 정리되는 겁니다. 그러면 해탈·열반으로 가는 길도 정리가 됩니다. 그런데 해탈·열반을 향해 나아갈 때 실질적으로 중요한 것은 무색계보다 색계입니다. 색계가 핵심입니다. '향상의 측면에서는 색계가 더 높은 세계다!' 이렇게 말하면 의외라 생각하는 분도 있을지 모르겠습니다. '색계가 무색계보다 높다니 말이 되나?'

부처님이 시설하신 삼계는 당시 인도인들이 갖고 있던 관념과는 매우 상이하여 특이한 언설이었던 셈입니다. 우선 색계나 무색계라는 관념 자체가 당시에는 없었으니까요. 그저 정定의 경지가 관심사였겠지요. 색계는 팔정도가 발설되면서 비로소 생각하게 된 생소한 개념이었고 그리고 무색계는 정에 들면 그 일부가 체험되긴 했지만 그것을 무색계로 인식하지도 않았고, 무색계의 공무변처, 식무변처, 무소유처, 비상비비상

처라는 사처四處 개념 자체가 확립되어있지도 않았다
고 봅니다.

　정定의 깊이라는 측면에서 보면 무색계정無色界定이
색계정色界定보다 높다고 하겠습니다. 그러나 불교는
정을 가르치는 체계가 아닙니다. 정은 진리를 추구해
가는 한 방편일 뿐, 정 자체가 목표는 아닙니다. 정定의
깊이로 따지면 무색계가 깊겠지만 정작 부처님이 가르
치고자 하시는 건 정이 아니라 해탈·열반이라는 말입
니다. 이 정定의 세계란 것이 아주 묘한 세계라서 정定
도 중도로 잘 가닥을 잡지 않으면 사람들이 미혹에 빠
져서 세세생생을 헤매도 모자랄 판입니다. 따라서 정
중에서도 바른 집중인 정정正定, 즉 중도정中道定이라
야 합니다. 사실 부처님은 색계정이라는 말을 안 쓰시
고 정정에 해당되는 것이 사선四禪, 즉 초선, 2선, 3선,

4선이라고 하셨습니다.[3]

　이렇듯 가닥을 잘 잡아서 명확하게 말씀하시는 것
이 부처님 어법입니다. 가령 '색계정이 중요하다.'고 해
봅시다. 색계에 몸을 받아 살고 있는 사람들을 색계
중생이라 하는데, 부처님은 우리보고 '색계 중생이 되
라.'는 말씀은 안 하시거든요. 오히려 색계 중생이 되어
서는 안 된다고 말씀하십니다. 삼계 중생의 어떤 것도
되지 말고 해탈하라고 말씀하십니다. 해탈의 길이라
는 면에서 보면 색계는 한낱 유익한 지름길일 뿐입니
다. 그러니 색계 사선四禪에도 머물지 말고 사선을 통
해서 해탈·열반하라고 하셨습니다. 왜냐하면 이 정(삼

3　《디이가 니까야야Dīgha Nikāya 長部》, II, 22경 〈대념처경Mahāsatipaṭṭhāna
　　sutta〉, 313쪽 ; 《초전법륜경》, 활성 스님 해설·감수, 백도수 옮김,
　　〈고요한소리〉(2024) 참조.

매)의 세계들은 우리 인간세와 달리 시간이 무척 길어서 일단 그 중 어느 세계에서든 천상의 몸을 받아 살기 시작하면 참으로 길고 긴 시간 동안 그 차원의 세계에서 머물게 되는데 그만큼 해탈·열반에의 도정道程이 미뤄지고 마냥 지체될 뿐이기 때문입니다. 여기서 주의할 점은 그 어디든 그곳에 몸을 받아 살려고 들지 말고, 즉 천신이 되어버리지 말고 그 자리를 선정 단계로 경험하며 밟고 지나가라는 것입니다. 색계정에 초선, 2선, 3선 4선이 있는데, 색계 제4선에 들면 오정거천五淨居天이 나옵니다. 빠알리Pāli 경에서는 색계 사선이 일곱 천으로 되어있습니다. 광과천廣果天, 무상유정無想有情 그리고 오정거천五淨居天, 이렇게 일곱 천입니다. 그 중 오정거천에 드는 것을 불환과不還果라 합니다. 불환과에 들면 다시 몸 받지 않고 거기서 열반에 듭니다. 부처님이 열반하실 때는 색계 초선, 2선, 3선,

32

4선을 거쳐 그다음에 무색계의 공무변처空無邊處 식무변처識無邊處 무소유처無所有處 비상비비상처非想非非想處까지 쭉 올라가셨다가, 다시 초선까지 역으로 내려오신 다음에 다시 2선 3선으로 올라가 색계 제4선에서 바로 열반에 드셨습니다.

부처님이 색계 제4선에서 열반에 드셨다는 사실이 뭘 의미하고, 얼마나 중요한 이야기인지 자칫하면 간과해버리기 쉽습니다. 색계 사선四禪은 참으로 중요한 곳으로 중도의 완성처라 할 만한 곳입니다. 그런데 이런 곳을 예사로 생각하면 불교의 핵심이 중도中道라는 사실을 간과해버릴 위험이 있습니다. 부처님은 중도를 관념적으로 말씀하신 게 아니고, 욕계·색계·무색계라는 우주 구조에 그대로 적용시켜 대단히 체계적이고 실천적인 개념으로 말씀하신 겁니다. 그 자체가 세계관이면서 실천의 길입니다. 사실 팔정도八正道도 중도고, 십이연기十二緣起도 중도지요. 유와 무로 세상을 보는 극단적 세계관에 반해, 유도 무도 아니고 연이생緣已生 연이멸緣已滅의 과정일 따름인 것으로 보는 연기관이 바로 연기 중도이고, 고와 낙의 양극단에 대한 중도가 팔정도입니다. 그러니 불교의 모든 가르침은 중도로 귀결됩니다.

사성제의 처음인 고성제는 고苦와 낙樂의 양변에 관한 말씀입니다. 그렇게 고苦와 낙樂의 양변에서 시작한 사성제는 마지막에 도성제道聖諦를 둠으로써, '고苦로부터 벗어나는 길은 팔정도, 즉 중도다!'라고 결론짓는 체계를 갖고 있습니다. 고와 낙의 양극단에 대한 중도가 팔정도라고 할 때, 그 중도의 실질을 채워주는 것이 우뻬카upekkhā, 평온입니다. 우뻬카를 통해 팔정도가 중도적 측면에서 완성됩니다. 그래서 색계 제4선에 가면 '우뻬카 사띠 빠리숫디*upekkhāsatiparisuddhī*'[4]라는 말이 나옵니다. 보통 '평온에 기인한 염念의 청정'으로 옮깁니다. 그런데 저는 이것을 자구적으로 해석하면 '평온과 마음챙김이 두루 청정함'이 되고, 이 '두루'를 강조하여 마음챙김과 평온이 서로 상승相乘 작용해서 더 충실해지는 것으로 생각합니다. 평온의 도움으로 마음챙김이 더 충실해지고 마음챙김의 도움을 받아 평온이 더 확고해지는 과정이 자동적으로 거듭됩니다. 우뻬카 사띠 빠리숫디를 평온과 마음챙김, 이 둘이 완벽히 청정해짐으로써 마침내 해탈·열반의 기반이 완성되는 소식을 전해주는 용어로 풀이해봅니다. 이렇게

---

4 《앙굿따라 니까아야*Aṅguttara Nikāya* 增支部》, 9:41 〈따뿟사 경 *tapussasuttaṃ*〉, 443쪽 ; 《염신경》, 금구의 말씀 하나, 현음 스님 옮김, 〈고요한소리〉(2021), 25쪽 ; 활성 스님, 소리 스물여섯 《팔정도 다시 보기》, 〈고요한소리〉(2022), 95~97쪽 참조.

풀이하는 이유는 빠리숫디*parisuddhī*라는 표현 때문입니다. 여기서 빠리*pari*가 '두루, 널리, 완전히' 등을 나타내는 매우 중요한 접두사로서 강조 역할을 하는 경우라고 본 것입니다.

이렇게 고苦, 중도中道, 팔정도八正道, 사선四禪, 평온平穩 등 부처님의 핵심 개념들은 체계적으로 빈틈없이 연결되어 있습니다. 그 덕분에 담마가 길을 찾아가는 우리의 실천 수행에서 필요불가결한 지도地圖의 역할을 원만히 이행할 수 있는 것입니다. 그런데 이처럼 체계적으로 연결된 개념들이 만일 제각각 별도로 다루어져 왜곡되어버리기라도 하면 실천수행상 그 역할이 희석되어버릴 수 있는 것입니다. 이 문제를 극복하려면 부처님 어법에 담긴 개념들 간의 논리적이고 체계적인 연결성을 중시하고 특히 접두사 등의 역할도 잘 살펴볼 필요가 있다고 생각합니다.

3. 담마의 언어적 성격

일상 언어 빠알리어

   부처님 재세 시 어떤 제자가 부처님께 '부처님 가르
침을 산스크리트어로 옮기면 어떻겠습니까?' 하고 말
씀드렸지요. 그때 부처님이 그렇게 하지 말라고 엄중히
금하셨습니다.[5] 이 말씀에는 매우 중요한 의미가 담겨

---

5 부처님은 제사의식에 쓰이는 베딕 산스크리트어로 옮기지 말라고
   엄중하게 말씀하시고 이를 어기는 것은 율律에 저촉된다고 하셨습
   니다. "비구들이여, 붓다의 말을 (운율 형식의) 베딕 산스크리트어
   로 옮겨서는 안 된다. 옮기는 자는 악작계를 범하는 것이다. 나는
   각자의 지방어로 붓다의 말을 배워 익힐 것을 규칙으로 정한다."라
   고 선언하셨습니다. *na, bhikkhave, buddhavacanaṃ chandaso āropetabbaṃ.*
   Yo āropeyya, āpatti dukkaṭassa. Anujānāmi, bhikkhave, sakāya niruttiyā
   buddhavacanaṃ pariyāpuṇitun"ti. 〈각자의 지방어로*sakkāya niruttiyā*〉,

있습니다. 부처님 당시 산스크리트어란 베다어를 말합니다. 베다어, 즉 베딕 산스크리트어는 《베다》에 쓰인 권위있는 종교 언어입니다. 당시에는 제사 행위가 주였지요. 제사에서 주문 외우는 것, 이게 종교 행위의 주된 형태였습니다. 그러니까 베다어는 제사에서만 사용하였던 종교 언어입니다.

부처님이 당신의 가르침을 베딕 산스크리트어로 옮기는 것을 금하신 이유는 베다어가 제사의식을 중심으로 사제들의 기득권을 담보하는 매체가 되어있었기 때문입니다. 부처님은 당신의 가르침이 담긴 담마를 제자들이 실제로 쓰는 일상 언어로 배워 익히도록 당부하셨습니다.

《율장Vinaya》, II, 〈소품Cullavagga〉, PTS, 139쪽. 현재 남아 전해오는 가장 오랜 지방어로 된 필사본은 빠알리어 경전과 간다리어 경전 등이 있다.

생각건대 인도에서도 여타 세계에서처럼 종교가 먼저 생기고 거기서 철학이 생겨났는데, 인도에서 그 철학화 과정을 대표하는 작품이 《우파니샤드》 같은 문헌이라 할 수 있지요. 《베다》는 신을 찬양하고 제사 지내는 주문들인데, 신을 움직이는 힘이 그 주문들에 실려 있다고 믿었습니다. 그러니까 베딕 산스크리트어는 '신과 통하는 언어'로 간주되었습니다. 따라서 언어 자체가 나름대로 세련되고 고도로 다듬어지기도 했겠지요.[6]

거기에 비하면 부처님이 쓰신 언어는 세속인들의 일상생활 언어입니다. 이런 세속 언어들은 지역마다 다

---

6 베다에 부속되는 6개 분야 학문은 민간어원론, 음운론, 제의론, 문법학, 운율론, 점성술이다. 문법학은 전통 베다의 필요상 어형 분석을 했을 뿐이며, 사용되고 살아있는 언어를 다루는 보편적 문법이라 보기 힘들다. 《인생의 괴로움과 깨달음》, 강성용 지음, 불광출판사(2024), 104쪽, 참조.

른데 통틀어서 쁘라끄리뜨어라 합니다. 근대에 옛날 인도문화를 정돈하면서 산스크리트어와 쁘라끄리뜨어로 대별했지요. 현대적 입장에서 보자면 부처님도 쁘라끄리뜨어로 법문을 하신 셈이고 빠알리어*Pāli*는 쁘라끄리뜨어 가운데 한 갈래입니다.

그러니까 부처님 가르침을 베딕 산스크리트어로 옮기지 못하게 한마디로 '안 된다.'고 하신 것은 '모두가 일상적으로 쓰고 있는 언어로 담마를 만날 수 있도록 해야 한다.'는 뜻에서 하신 말씀일 것입니다. 그 말씀의 함의는 매우 깊다고 생각합니다. 산스크리트어는 제사 언어로 발달한 말이니까 그 용어 하나하나에 담겨 있는 의미들이 다 신이나 제사와 연관될 수 있지요. 그런 언어체계에 부처님 가르침을 담으면 담마의 독창적이고 참신한 의미는 퇴색되기 쉽고, 따라서 브라만 계급 중심의 산스크리트 문화에 오염, 매몰될 위험이 많지요. 그래서 부처님이 일상 언어인 빠알리어로 담마를 만날 수 있도록 하신 것입니다.

부처님이 브라만 출신들과 얘기할 때에는 산스크리트어를 사용하지 않았겠는가 하는 추정도 가능한데 역사적 흔적은 별로 없는 것 같습니다. 부처님 제자들 가운데 사아리뿟따 같은 분들이 브라만 계급 출신들인데 그분들은 마아가다 지역 출신이니까 마아가다어를 썼으리라 보지요. 일반 브라만들은 일상생활은 그 지역어로 하고, 종교 언어로만 베딕 산스크리트어를 사용했으리라 봅니다. '일상 언어로 담마를 만날 수 있도록 해야 한다.'는 부처님의 취지로 볼 때 부처님 재세 시 승가에서 산스크리트어를 사용했을 가능성은 없습니다. 부처님 재세 시나 어느 정도 후대까지는 담마를

산스크리트어로 담을 생각을 감히 못 했지요. 부처님
이 금하신 일이니까요.

그러나 후대에 부파불교 시대[7]가 되면 경전의 산스
크리트화가 일어납니다. 아마도 정통 산스크리트어라
기보다는 요즈음 '혼성 산스크리트어*Hybrid Sanskrit*'로
불리는 '불교 산스크리트어*Buddhist Sanskrit*'로 정돈되
어 온 것 같습니다. 이것은 '불교에서 쓰는 산스크리트
어'를 가리키는 것이니 '유사 산스크리트어'란 뜻이 되
겠지요. 그런 산스크리트어로 쓰인 경들을 아아가마
*Āgamā*라 하는데 부파불교의 경들이고 후에 대승 경전
의 모태가 됩니다. 그것이 중국에서 한역된 《아함경阿

---

7 부파불교部派佛教 시대: 불멸佛滅 후 100년경에서 400년경 사이에
불교 교단이 여러 부파로 분열된 시대. 활성 스님, 소리 스물하나
《빠알리 경, 우리의 의지처》, 〈고요한소리〉(2020) 참조.

含經》》[8]입니다. 아함은 아아가마를 한자로 음사한 것입니다. 《아함경》은 빠알리 경과 내용이 대동소이하다지만 그 원어는 불교 산스크리트어이니, 역사적으로 후대에 쓰인 경이라는 사실을 언어 자체가 증명합니다.

---

8 아함경阿含經: 아함阿含은 산스크리트어의 아아가마Āgamā의 음사로, '전해 온 가르침'이라는 뜻. 초기불교 시대에 성립된 수천의 경전들을 통틀어 이르는 말. 빠알리어로 된 니까야nikāya가 있고, 여기에 해당하는 산스크리트 본이 아아가마임. 이 아아가마를 한문으로 번역한 것이 아함경으로 여기에는 네 가지가 있다.

(1) 장아함경長阿含經: 22권 30경. 길이가 긴 경전을 모은 것.

(2) 중아함경中阿含經: 60권 222경. 길이가 중간 정도인 것을 모은 것.

(3) 잡아함경雜阿含經: 50권 1,362경. 짧은 경전을 모은 것.

(4) 증일아함경增一阿含經: 51권 471경. 사제四諦·육도六度·팔정도八正道 등과 같이 법수法數를 순서대로 분류하여 엮은 것.

그러나 20세기 초부터 한문 아함경이 간다리어로 된 경전을 토대로 한역을 했다는 '간다리 가설'이 제시되었다. 이에 관해서 초기에는 펠롯Pellot(1914)과 웰러Weller(1930)의 연구가 있었고, 발트슈미트Waldschmidt(1932)가 구체적인 내용을 밝혔으며 베일리Bailey(1946)가 간다리 가설을 공식화한 논문을 발표했다.: Bailey, Harold W. 1946. *"Gandhari." Bulletin of the School of Oriental and African Studies* 11: 764-97.

이상의 경과를 볼 때 부처님 가르침의 독창적 의미를 살리고 또한 모두가 쓰는 일상 언어인 빠알리어로 담마를 전하고자 하시는 부처님의 뜻은 매우 확고했다고 할 수 있겠습니다.

창의적 신조어

이렇듯 부처님은 담마를 일상 언어에 담아야 한다는 뜻을 분명히 하셨습니다. 일반 사람들이 쓰는 말로 친절하게 다가가고자 하셨지만 그렇다고 해서 토속 언어를 아무런 가감 없이 그대로 사용하신 것은 아니라고 하겠습니다. 거기에는 당신이 전하고자 하시는 메시지를 일반인들에게 무난히 또 원만하게 전달해주도록 용어를 다듬고 개발할 필요가 있었을 것이며 문법적

체계성을 이룩해낼 필요도 당연히 따라왔을 것입니다.

  언어라는 측면에 중점을 두고 경을 살펴보면 부처님
은 매우 용의주도하게 언어를 구사하셨다는 것을 느낄
수 있습니다. 그토록 정확하고도 신중하게 어휘를 쓰
고 계셔서 마치 언어학자를 방불케 합니다. 부처님이
쓰신 다양한 용어들을 어떤 서양학자는 '여러 지방의
사투리를 다 모아서 똑같은 뜻을 중언부언 나열한 것'
이라 했는데, 부처님 가르침을 담은 그 방대한 경전의
어느 모퉁이에서 그렇게 볼 수 있는 면이 발견될 수 있
을는지는 모르겠지만 이런 평가는 극단적인 폄훼라고
보여집니다.

  부처님이 쓰신 담마 언어의 성격을 여러 각도에서
검토해볼 수 있습니다. 제가 보기에는 부처님이 직접

쓰셨든 또는 그 후대 제자들이 썼든, 경전 언어로서의 빠알리어는 여러모로 인공 언어적 성격이 가미되어 있는 것 같습니다. 일상적으로 쓰던 통속어인 빠알리어 바탕에 고도의 사변적 어휘가 첨가되다 보니 마냥 자연스러운 맛을 순도 높게 지속시킬 수 없었을 것 같기도 합니다. 그래서 담마 언어로서의 빠알리어는 '특별한 취지로 만들어진 언어'라는 느낌을 받는다는 겁니다. 학자들 중에도 '어떠어떠한 부분이 인공적인 면의 흔적이다.'라고 인정하는 경우도 있더라고요. 저도 부처님이 창의적으로 신조어를 많이 쓰셨다는 사실을 특히 주목해야 한다고 생각합니다.

빠알리어에는 a-, anto-, abhi-, adhi-, du-, ni-, nir-, pari-, vi-, saṃ-, su- 등 접두사가 많습니다. 예를 들면 '지혜'라는 말도 '앎, 지혜'라는 냐아나*ñāṇa*

에 접두사를 붙여서 '빤냐*paññā*[洞察知, 般若], 빠린냐 *pariññā*[遍知], 아빈냐*abhiññā*[超凡知], 안냐*aññā*[究竟知]' 등 다양한 개념으로 세분하여 쓰십니다. 이처럼 접두사에 따라 지혜의 층위가 다양하게 구분됩니다. 이를 보더라도 빠알리어 접두사는 고도로 계산되어 의도적으로 쓰여진 것으로 보입니다. 부처님이 접두사를 활용해 창의적 신조어를 만드신 것이라 볼 수 있겠습니다. 부처님이 쓰신 용어를 제대로 이해하려면 접두사의 의미와 용례를 명확하게 이해할 필요가 있을 것 같습니다. 그런 점들이 더 연구되고 증명될 때 불교 언어인 빠알리어가 산스크리트어를 근간으로 파생된 언어라거나 인도 종교 문화의 일부라는 오랜 통념을 넘어설 수 있을 것입니다.

또 사띠*sati*라는 단어를 한번 살펴봅시다. 팔정도八

正道의 정념正念은 삼마 사띠sammā sati인데 사띠는 부처님의 신조어인 것 같습니다. 〈고요한소리〉에서는 사띠를 '마음챙김'이라 번역했습니다. 그런데 보통 사띠의 어원이 '기억하다'라는 산스크리트어 '스므르띠smṛti'라고 주장합니다. 그래서 사띠는 사전에 흔히 '기억'이라고 풀이되어 있습니다. 팔정도의 삼마 사띠를 단순히 '바른 기억'이라고 한다면 삼마 사띠가 팔정도에서 수행하는 핵심적 기능과 어울릴까요? 과연 부처님이 사띠를 기억이라는 뜻으로 팔정도의 삼마 사띠 자리에 넣으셨을까요? 삼마 사띠야말로 팔정도 중에 가장 핵심적인 위치이며 불교의 초석이자 대들보로까지 불릴 정도로 중요한 개념인데, 단순히 기억이란 말로 그 의미가 충족될 수 있을까요? 기억이라는 뜻의 빠알리어에는 사라띠sarati 등의 다른 용어가 있지요. 사띠sati의 어원이라 주장되는 베딕 산스크리트어 스므

르띠_smṛti_의 빠알리어 역어는 사라띠_sarati_로 보는 것이 오히려 더 적정하지 않을까 생각합니다.

저는 사띠는 '사뜨_sat_ + 이_i_'가 그 어원이 아닐까 감히 생각해봅니다. '사뜨_sat_'는 삿담마_saddhamma_(참된 진리[正法]), 삽뿌리사_sappurisa_(眞人)의 경우처럼 '참된, 진실한'의 뜻이고 '이_i_'는 동사 '가다, 에띠_eti_'의 어근으로 '감'이니까 사띠는 '진실한 나아감, 진실을 향해 나아감'으로 볼 수 있다고 생각합니다. 따라서 마음챙김이야말로 향상의 길로 진실하게 나아가게 하는 추진력이 아닐까 합니다.[9]

십이연기의 '육처六處'도 마찬가지입니다. '처'는 아아야따나_āyatana_인데, 베딕 산스크리트어에는 안 나오

---

9 활성 스님, 소리 스물여섯 《팔정도 다시 보기》, 〈고요한소리〉(2022) 참조.

는 말이랍니다. 이런 용어는 부처님이 만드신 신조어일 가능성이 높습니다. 그런데 후기 산스크리트어에는 '처'가 많이 나오지요. 이는 도리어 불교로부터 차용한 것으로 보입니다. 십이연기의 육처六處는 안眼·이耳·비鼻·설舌·신身·의意이지요. 우리는 안·이·비·설·신, 다섯 감각기능으로 세상을 인식하고 파악합니다. 그런데 부처님은 '여섯 번째로 의意가 있다!'[10]라고 강조하시면서 창의적으로 제육처로 의意를 시설하십니다. 의意, 마노mano는 '생각하다, 상상하다, 알다, 확신하다'를 의미하는 동사 만냐띠maññati의 명사형입니다. 인간이 인간인 것은 이 마노 때문입니다. 사람은 마노가 있다는 점에서 동물과 구분됩니다. 부처님은 다섯 감각기능을 제어하며 담마를 대상으로 하여 향상할 수 있

---

10 냐나 삿따 지음, 박은화 옮김, 보리수잎 스물일곱 《경전에 나오는 비유담 몇 토막》, 〈고요한소리〉 (2018) 21쪽 참조.

는 의근意根의 기능을 마노에 부여하고 마노의 의미를 새롭게 확장시키셨습니다. 이렇게 부처님은 마노를 강조하시면서 '사람은 의意를 가진 존재, 의를 통한 향상을 본분으로 하는 존재다!'[11]라고 정의하십니다. 이것이 불교 인간관의 바탕이라고 생각합니다. 여기에는 부처님이 우리를 향상의 길로 가라고 독려하시는 뜻이 담긴 것이라 하겠습니다.

　요컨대 부처님은 원래 있던 단어의 뜻을 전혀 색다른 의미로 쓰시기도 하고 또 전혀 쓰이지 않았던 단어를 창조적으로 만들어서 쓰시기도 합니다.

---

11 활성 스님, 소리 열여덟《의意를 가진 존재, 사람 – 불교의 인간관》, 〈고요한소리〉(2023) 참조.

체계적 문법 언어

　앞서 언급한 정황들로 볼 때 부처님은 진리를 우회하지 않고 정면으로 드러내시기 위해 적합한 언어와 문법체계를 다듬어 나가신 걸로 생각합니다. 그 목적에 합당한 혁신적인 용어를 발굴하심은 물론 언어를 새롭게 체계화하면서 담마를 펴나가셨습니다. 세상에 깨달았다는 분들은 많아도 담마를 잘 전수하기 위해 부처님처럼 언어에 온갖 노력을 진지하게 기울이신 분을 찾아보기는 어려울 것 같습니다.

　부처님 당신이 보신 진리의 세계가 일반상식과는 너무나 다르기 때문에, 그 세계를 기성의 언어만으로는 전달할 길이 없는 겁니다. 그래서 창의적으로 당신의 언어체계를 구축하십니다. 심지어 문법까지도 새롭게 구축하신 것으로 저는 봅니다. 인도에서 부처님 이전에는 문법학자가 나온 일이 없지요. 브라만의 배타성을 나타내는 '주먹 쥔 손'[12]과 일상에서 실제 사용되는 언어의 문법체계는 생리적으로 맞지 않습니다. 문법이란 게 살아있는 언어를 체계화하는 동시에 보편화에도 기여하기 때문입니다. 즉 주먹을 펴는 데 기여하기 때문입니다. 빠아니니Pāṇini를 비롯한 인도의 모든 문법 학자들은 부처님보다 훨씬 후대 사람들입니다. 산스크리트어 문법 자체가 기원전 4세기경 빠아니니에 와서야 비로소 새롭게 만들어집니다.

여러분은 보통 클래식 산스크리트어라고 하면 굉장

---

12 *"na tatth' Ānanda Tathāgatassa dhammesu ācariya-mutthi* 아아난다여, 여래의 법들에는 스승의 주먹 쥔 손[師拳]과 같은 것은 없다." (스승이 감추고 제자에게 가르쳐주지 않는 비전祕傳같은 것은 없다는 말씀) 《장부》, 16경 〈대반열반경〉, II, 100쪽 참조.

히 오래된 언어라고 생각하겠지요. 그렇지만 앞서 말한 바와 같이 클래식 산스크리트어는 빠알리어와 비교하면 후대 언어입니다. 부처님 당시에 있던 산스크리트어는 베다어, 즉 베딕 산스크리트어라고 하지요. '베다 시대의 산스크리트어'라는 겁니다. 베다를 거쳐서 우파니샤드까지 오는데, 그 최초기에 해당하는 고층古層 우파니샤드 시대가 부처님 시대와 동일합니다.

앞서 말한 바와 같이 부처님 시대까지 쓰인 베딕 산스크리트어는 문법적으로 정제된 언어라기보다는 종교적 색깔이 대단히 짙었지요. 그래서 부처님이 보시기에 진리를 펴는 언어로서는 쓸 수가 없는 겁니다. 어떻게 보면 부처님이 인도 문화사상 처음으로 문법학자 역할을 하십니다. 말하자면 베딕 산스크리트 시대에는 상상할 수 없었으리만큼 논리정연하게 부처님이 정제된 언어를 쓰기 시작하신 겁니다. 다시 말해 언어를 신비주의의 도구로부터, 즉 주먹 쥔 손의 신세로부터 해방시키신 겁니다. 담마 언어로서 빠알리어가 그렇게 나온 겁니다. 그 후 부처님 제자들은 각각 자신의 지역으로 담마를 전승해갔고 그중 우리에게 전해진 대표적인 담마 언어가 빠알리어입니다.

이러한 사실들이 인도 힌두교도들에게는 굉장히 마음 쓰라린 불편한 이야기가 될 수 있겠지요. 힌두 전통에서는 '산스크리트어가 훨씬 더 오래되었고, 빠알리어는 산스크리트어에서 파생된 언어다.'라는 논리를 고집스럽게 우겨왔습니다. 그 논리에 따라 많은 서양 언어학자들까지도 그런 편견을 가지고 있었던 것 같습니다. 클래식 산스크리트어라고 하면 고전 산스크리트어니까 대단히 오래된 것처럼 들리기 쉬운데 실제로는 그렇지 않습니다. 부처님보다 훨씬 후대입니다. 오히려 부처님은 창의적으로 빠알리어를 사용하심으로써 실로 클래식의 원조 모습을 보여 주셨지요.

부처님 제자들 가운데 브라만 출신이 많았습니다. 부처님이 열반에 드신 후에 브라만 출신 제자들이 브라만 사회로 돌아가서 빠알리어를 닮은 형태로 모방하여 정비한 게 클래식 산스크리트어의 시원이었을 것입니다. 제가 언어학자는 아니지만 그렇게 이해할 수밖에 없다고 생각합니다. 실제로 빠알리어가 산스크리트어에서 파생된 것이라는 통설과 달리 오히려 빠알리어가 빠아니니 식 고전 산스크리트어 조성에 영향을 준 것이라는 유력한 학설이 있습니다.[13]

---

13 빈터니츠M. Winternits, 《인도 문학사*History of Indian Literature*》, 1908, vol.Ⅰ. 38쪽 ; 활성 스님, 소리 스물하나 《빠알리 경, 우리의 의지처》, 〈고요한소리〉(2020) 참조.

최근에는 빠알리어가 불교 산스크리트어나 클래식 산스크리트어보다 베딕 산스크리트어에 더 가깝다는 주장이 나옵니다. 주목할 만한 일입니다. 즉 빠알리어가 인도 언어에서 최고층最古層에 속하는 언어학적인 위치에 있다는 겁니다. 빠알리어는 베딕 산스크리트어라는 가장 근원적인 산스크리트어에 매우 가까워서 빠알리어의 오래된 역사적 정통성을 새삼 발견하게 된다는 것이지요. 그런 점에서 클래식 산스크리트어의 문법적 형태는 그 원형을 오히려 빠알리어에서 찾을 수 있을지도 모릅니다. 이런 논리의 연장선 상에서 보면 '인도에서 나온 최초의 문법학자는 붓다'라는 말도 가능해집니다. 이렇게 이해하면 근본불교의 정당성 위에서 빠알리어가 가지고 있는 고도의 체계성과 논리성을 충분히 이해할 수 있게 됩니다.

빠알리어의 정통성

서양학자들은 으레 '빠알리어는 산스크리트어의 파생어니까 어원을 산스크리트어에서 찾아야 된다.' 이러거든요. 그래서 빠알리어 단어의 어원을 찾을 때 거기에 해당하는 산스크리트어 단어의 뜻이 뭐냐를 찾아 들어가는 것이 빠알리어 공부의 기본 전통이 되어버렸습니다. 그런 전통 때문에 결국 빠알리어는 문법적으로 고급한 산스크리트어의 파생어에 불과하다는 취급을 받아왔습니다. 뿐만 아니라 빠알리 경전이 당시 우파니샤드의 논리 수준을 넘어설 수 없다는 주장까지 나오게 되어버렸지요. 나아가 심지어는 '빠알리어의 체계적이고 깊은 의미들은 다 후대에 지어낸 것이다.' 이런 이야기까지 나와요. 그렇게 불교의 지위를 끌어내립니다.

또한 후대의 힌두교에서 '산스크리트어보다 더 세련된 언어를 부처님 시대에는 쓸 수 없었으리라.'고 주장하지요. 그것도 나름대로 거창한 논리를 세워 이야기합니다. 그 때문에 부처님 가르침이 원래 가지고 있는 창조적이고 깊은 의미가 오늘날까지도 제대로 인정받지 못하는 형편입니다. 이처럼 빠알리어의 정통성을 폄하한 나머지 결국 '부처님은 아주 소박하게 말씀하셨고, 그걸 후대 사람들이 심오하게 갈고 다듬었다.'라는 식의 주장까지 나오게 됩니다. 이 주장의 앞부분은 수긍이 가지만 뒷부분은 근거가 박약하다고 생각됩니다. 따라서 지금 인도의 학자들 그리고 그 영향을 받은 서양 학자들이 빠알리어에 대해 취하고 있는 입장은 재검토되어야 할 필요가 있지 않을까 생각됩니다.

이런 언어적 논란은 부처님 시대보다 훨씬 후대에

나온 '불교는 힌두교의 한 분파'라는 힌두교 측의 끈질긴 주장과 맥이 닿아 있습니다. 하지만 이는 천만의 말씀입니다. 거듭 말하지만 부처님은 부처님 재세 시에 일상적으로 쓰이던 단어를 빌려서 쓰시기는 했습니다. 대중들과 대화를 하려니까 그들이 알아듣는 말을 하셔야 했기 때문이지요. 단어를 갖다 쓰시긴 했지만 그 뜻은 차원을 전혀 달리합니다. 예컨대 '업이나 윤회, 이거 다 당시에 있던 거 불교에서 가져가지 않았느냐?'라고 하지만 부처님 이전에는 '사람이 죽으면 사라지는 게 아니고 다시 태어난다.'라는 정도로 업이나 윤회를 희미하게 생각했어요. 베딕 산스크리트어에는 업이나 윤회라는 단어는 없고 유사 개념은 있었지요. 그러나 재생, 윤회 같은 개념을 업과 과보라는 개념에 입각하여 본격적으로 깊이 있게 논해서 중요한 철학적 개념으로 만드신 분은 부처님이십니다.

부처님 이후 인도에서 육파 철학[14]을 위시해서 문법서도 나오고, 서사시도 나오면서 일종의 힌두 판 문예부흥이 전개되는데, 이때 불교사상이 대거 그쪽으로 들어가서 소위 신흥 힌두교에 기조를 제공해 주는 결과가 초래됩니다. 그런데 지금까지도 인도사람들은 시침 뚝 떼고 '그거 원래 브라만교에 있었던 건데 부처님이 다 갖다 썼다.' 이렇게 이야기합니다. 그러나 사실이 어떠한가는 이미 앞에서 한 얘기에 비추어 살펴보면 어느 정도 밝혀질 거라 생각합니다. 까마득히 먼 과거사들이 분명해지는 데에는 한계가 있을 수밖에 없겠지만요.

---

14 육파 철학: 굽타Gupta 왕조王朝 때 인도에서 확립된 정통 브라만 사상에 속하는 여섯 가지의 철학 체계. 삼키아학파, 미맘사학파, 베단타학파, 니야야학파, 요가학파, 바이세시카학파를 이르는데, 이들은 모두 베다Veda 성전聖典의 권위를 그 철학적 근거로 원용하고 있다. dict.wordrow.kr 참조

게다가 인도인들이 불교를 말살하려고 무척 애를 쓴 것도 빠트릴 수 없습니다. 참 믿기지 않는 이야기지만 부다가야의 대탑도 흙으로 묻어 감추어 겨우 보존해냈다는 거 아닙니까? 서양학자들이 처음 동양에 가 보니 '부처, 부처' 하는데, 부처가 인도 사람인 건 확실한데 아무리 찾아도 흔적이 없는 겁니다. 그래서 '아, 부처라는 분은 전설적인 인물이구나.'라고 했다지요. 그 정도로 불교를 역사로부터 차단하고 은폐시키면서 한편으로는 부처님을 신화화시켜온 게 힌두인들입니다. 실증으로 부처님을 비슈누의 화신으로 보는 전통을 들 수 있습니다.

지금까지 한 제 이야기의 핵심은 '부처님이 2500여 년 전 처음 문법적으로 정제된 언어를 만들고 쓰셨다, 부처님의 가르침을 담은 담마 랭귀지는 참으로 놀라우

리만큼 논리정연하고 언어적으로 세련되었다.'라는 이
야기입니다. 이렇게 되면 불교 언어의 정통성 문제는
불교 역사의 전통성과 관계가 깊습니다.

4. 담마 언어와 어법

한뜻 추구

부처님은 진리를 당신의 언설과 어법에 체계적으로 분명하게 담아내고자 하셨습니다. 경을 꼼꼼히 뜯어보면 부처님이 언어를 얼마나 정확하게 얼마나 경제적으로 사용하셨는지 알 수 있습니다.

그런데 영국의 한 학자는 법, 담마라는 말의 용례가 수없이 다양하여 그 뜻만 해도 삼십여 가지가 넘는다는 겁니다. 담마를 번역하는 용어들을 보면, '진리', '가르침' 또는 '일체 모든 것', '사물', '현상' 등등 대단히 많습니다. 담마가 한 가지 뜻으로 모일 수 없는 단어라는 거지요. 그러니까 요새 서양인들은 궁여지책으로 담마를 대문자 담마Dhamma와 소문자 담마dhamma로 나누어 쓰는 경우마저 있습니다. 대문자 담마는 '부처님 가르침', 소문자 담마는 '현상' 등등을 가리킨다고 합니다.[15]

부처님이 '마노mano[意]'의 짝으로 '담마dhamma[法]'를 강조하시고 난 뒤에 그걸 더 보편화시켜서 '모든 만물도 담마'라고 하셨지요. 만물은 부처님 법에 다 수렴되니까 그 수렴되는 측면을 담마라고 한 것입니다. 그런데 그걸 소문자 담마로 쓰면서 '현상'이라 해석하면, 담마의 뜻이 대단히 모호해져서 그 중요성이 희석됩니

---

15 활성 스님, 소리 스물다섯 《상카아라와 담마》, 〈고요한소리〉(2022) 참조.

다. 그래서 저는 한 개념을 여러 뜻으로 나누어 봐야한다는 견해에 대해서는 좀 더 신중을 기하고 싶습니다. 부처님은 한뜻으로 말씀하셨을 뿐인데, 우리가 초점을 정확하게 갖다 대지를 못하기 때문에 여러 다양한 뜻의 스펙트럼으로 펼쳐 보이는 것이 아닐까 하는 겁니다. 보는 자의 초점이 안 맞은 탓에 흔들리는 것이 아닐까 저어하는 것이지요. 물론 경에서 수없이 만나게 되는 동의어들과 유사어들의 경우는 별도의 문제일 겁니다.

만일 우리가 부처님이 깨닫고 사용하셨던 그 경지에 이르러 담마 용어를 이해한다면, 그 뜻은 명료하게 좁혀질 것이라고 생각합니다. 그러니 '삼십여 가지의 뜻이 있다.'고 하는 것은 '삼십여 가지를 느낄 만큼 부처님 가르침과는 상당한 거리가 있다.'고 봅니다.

'담마'는 애초부터 뜻이 하나라서 대문자, 소문자로 구분할 일이 아닙니다. 담마는 '부처님 가르침'입니다. '담마'는 부처님이 가르치신 진리이고, '현상'은 그 진리를 구현하고 있는 것이니까, 그것도 내내 부처님이 가르치신 것입니다. 따라서 소문자 담마가 따로 있는 건 아닙니다. 또 다른 예로, 십이연기의 제2항목인 상카아라*saṅkhārā*[諸行]의 영어번역도 아마 열 가지가 넘을 겁니다. 여전히 '문맥으로 봐서 번역할 수밖에 없다.'고 할 만큼 표류 중입니다. 상카아라의 뜻을 헤아리는 데 도움이 되는 대표적 용례가 삼법인, 십이연기와 오온에서의 상카아라일 것입니다. 오온에서는 비유로 '심재가 없는 나무'라 설명하듯이 그 본성을 말하고 십이연기에서는 쓰임새를 보여 줍니다. '무명이 있으면 제행이 있다.'는 말은 뒤집어 보면 '무명이 없으면 제행이 없다.'는 것입니다. 즉 밝은 눈으로 보면 일체가

존재하는 것이 아니라는 말로서 '무명세계가 꺼져버린
다, 공하다, 허망하다.'는 뜻입니다. 따라서 제행은 법
또는 제법에 상대되는 담마 랭귀지입니다. 그 허망하
여 실재성이 결여되어 있는, 그러나 존재에 집착하는
무명의 눈에는 심재가 없는데도 나무로 보여지는, 풀
도 나무도 아닌, 무명이라는 조건 하에서만 명색으로
존재하는 그런 것이 제행인 것입니다. 담마에서 진리
와 출세간의 부분을 제외한 모든 것이 제행입니다. '세
상사, 온갖 일' 같은 역어가 가능할 수 있을 겁니다.

그런데 경의 번역을 문맥에 따라서 한다는 것은 학
자적 성실성의 측면에서는 대단히 진지한 자세일 수 있
으나, 경의 번역이라는 측면에서는 시발 단계에 머물러
있는 것에 불과합니다. 경은 연구의 대상이라기보다 믿
음의 대상이 될 수 있어야 합니다. 이말 저말로 아리송

하게 표현해서는 어떻게 믿음이 이루어지느냐 말입니다. 그것은 전문서적의 번역일지는 몰라도 경의 번역은 아닙니다. 바로 그런 태도로 인해 우리가 부처님 가르침의 핵심 용어들이 의미하는 본뜻을 잃어버렸다 해도 과언이 아닐 겁니다. 중요한 용어를 문맥에 따라 겨우 겨우 의미를 짚어보는 것은 아무래도 궁색한 살림살이라 해야겠지요. 어휘의 뜻을 정확하게 파악하고 있다면 그렇게 멀리 벗어나 헤매지는 않게 되겠지요.

부처님은 언어 그 자체 그리고 언어적 표현 면에서 대가이자 또 언어의 절약가이시기도 합니다. 조금만 뉘앙스가 달라도 다른 말로 대체하는 언어창조력을 가지신 부처님이 그 중요한 말들을 이런저런 뜻으로 쓰실 리가 없습니다. 하나의 뜻을 가진 용어를 그렇게 다양한 뜻으로 이해한다는 것은 우리가 그 본뜻을 놓쳤기 때문일 수 있습니다. 부처님이 하나의 용어를 쓰실 때는 그 하나의 용어가 적절하기 때문이지요. 즉 한뜻으로 압축될 수 있는 개념이라는 말입니다. 우리가 그 용어의 본뜻을 못 잡고 있기 때문에 헤매는 것일 겁니다.

물론 우리가 양해해야 할 부분도 있습니다. 부처님 이후 역사가 길기에 그 용어를 사용한 사람이 부처님 한 분만은 아니라는 것입니다. 부처님이 당신의 필요성 때문에 그 용어를 사용하셨지만, 후대 사람들은 다른 시대, 다른 상황의 필요에 맞게 조금씩 다른 뜻으로 썼을 수는 있겠지요. 특히 불교 학자들이 그럴 겁니다. 가령 어떤 큰스님이 토굴에서 신도나 제자에게 가르쳤던 것은 일회성 사건으로 끝나고, 후대 사람들에게까지 전달되는 경우는 많지 않겠지요. 반면 학자가 쓴 글은 그것이 옳건 그르건 간에 이후로도 남아서 영향을 미칠 수 있는 소지가 큽니다. 이처럼 후대로 가면서 다양한 변용 때문에 한 용어의 뜻도 다양성을 띠게 된 역사적 배경은 인정해야 합니다. 그러나 조금씩 차이는 있다손 치더라도, 부처님이 쓰신 하나의 용어는 한 뜻이라야 옳다고 저는 생각합니다. 부처님이 말씀하신 바와 초점이 정확하게 맞아떨어지면 뜻은 하나일 수밖에 없습니다.

부처님은 이론가로서 말재주를 부린 분이 아니십니다. 부처님에게는 오로지 한 가지 간절한 목적이 있었을 뿐입니다. 그것은 당신이 깨달으신 진리를 우리들에게 전해주시려는 것입니다. 우리가 해탈·열반을 이해하고 그것을 향해 나아가도록, 그래서 '고苦'로부터 헤어나도록 가르치고 싶으셨던 것, 오직 그 하나입니다. 바로 그 입장에서 어떤 말을 써서 당신의 뜻을 전달할 것인가를 고심하셨기 때문에 그 말들이 겨냥하는 목적은 뚜렷합니다. 거기에 예외가 있을 수는 없습니다.

이러한 전제를 인정하고, 부처님 말씀과 용어들의 뜻을 함부로 펼쳐놓지 않도록 주의해야 할 것입니다. 아무리 한 용어의 쓰임이 다양하게 보여 이해하기가 어렵더라도 우리는 어떻게든 한뜻을 추구하는 자세를 지켜나가야 합니다. 지금은 비록 시원한 해답에 이르지 못하고 적절한 번역어를 찾지 못하더라도 부처님의 취지를 겨냥하고 찾아 들어가다 보면 부처님 당신이 설하신 뜻에 우리도 이를 수 있을 거라 생각합니다.

전에는 저도 한국불교의 전통에 따라 "무조건 '이 뭣고?'만 찾으면 된다, 거기서 깨달으면 만사가 다 통할 것이다."라고 생각해왔습니다. 그러다 보니 경에 사용된 용어의 쓰임새 자체에 대해서는 별로 중요성을 인정하지 못하고 무성의하게 휘딱 보고는 아는 듯이 착각하고 넘겨버리는 오류를 범해 왔던 것 같습니다.

그러다가 〈고요한소리〉를 설립하면서 불교 용어들이 지니고 있는 뜻에 대해 좀 더 깊이 궁구해볼 기회를 얻었습니다. 빠알리 경을 번역하면서 보니까 내가 안다고 생각했던 단어들일수록 막상 어떻게 옮겨야 할지 그렇게 어려울 수가 없었습니다. 게다가 나에게도 당연히 갖가지 선입견, 편견이 있을 것이기 때문에 그 용어에 대해 정확한 해석을 하기가 더 어려웠습니다. 그러다 보니 더 깊이 생각하고 더 뜯어보는 노력을 하게 됩디다.

그 과정에서 용어의 새로운 측면이 자꾸 나타나 '역

시 그 뜻은 심오하구나.'라고 느낄 수밖에 없었습니다. 또 분명히 안다고 생각한 것이 나중에 보니까 더 깊은 뜻이 있어서 여태까지 생각해왔던 것이 한편에 치우친 빈약한 내용에 불과하다고 느끼게 되는 경우도 참 많았습니다. 어느 단계에 이르기까지 그런 경험이 무수히 반복되리라 생각하면 참으로 아득합니다. 다만 그 과정에서 '안다'는 것과 '깨닫는다'는 것의 차이가 무엇인가를 좀 더 깊이 성찰해 보게 된 소득도 물론 있습니다.

담마의 어법

부처님은 담마를 설하실 때 비유법을 많이 쓰십니다. 부처님이 경에서 당신께서 쓰시는 용어의 뜻을 분

명하게 구체적으로 설명하는 예는 거의 없습니다. 시
원하게 '이 말은 이 뜻이다.' 하고 부처님이 직접 짚어
서 설명을 해주시면 정말 좋겠는데, 그런 설명을 안 하
신다고요. 대신 비유를 들어 설하십니다. 거의 대부분
의 경우에 그러십니다. 이제 생각건대 그 용어들이 뜻
하는 바가 무엇이라고 설명하지 않으시고 간단한 비유
를 제시하신 것은 우리가 실천 분상에서 그것을 직접
깨달을 수 있도록 유도하시기 위한 방편이라 여겨집니
다. 예컨대 오온五蘊 *Pañca Khandha*도 그렇습니다.

색色 *rūpa*은 수포水泡와 같고,

수受 *vedanā*는 기포氣泡와 같고,

상想 *saññā*은 신기루와 같고,

행行 *saṅkhārā*은 심재心材가 없는 나무와 같고,

식識 *viññāṇa*은 마술과 같다고

태양의 후예는 밝혔도다.[16]

이렇듯 비유로서 게송을 읊으신 부처님은 매우 문학적으로 담마를 설하셨습니다. 이처럼 비유법으로 담마를 설하시니 한결 알아듣기도 쉽고 설득력이 있지 않습니까?

또한 부처님은 일반적으로 쓰고 있던 말에 색다르게 깊은 의미를 부여해서 전혀 새로운 용어로 변용하여 창의적으로 쓰신 경우가 많습니다. 특히 팔정도와 십이연기가 바로 그런 예가 되겠습니다. 팔정도는 바른 견해[正見sammā diṭṭhi], 바른 사유[正思sammā saṅkappa], 바른 말[正語sammā vācā], 바른 행위[正業

---

16 《상응부》 22 〈칸다 상응Khandha Saṃyutta〉, 95경 〈수포 비유 경 Pheṇapiṇḍūpama sutta〉 참조.

sammā kammanta], 바른 생계[正命*sammā ājīva*], 바른 노력[正精進*sammā vāyāma*], 바른 마음챙김[正念*sammā sati*], 바른 집중[正定*sammā samādhi*]입니다.

십이연기는 무명無明 *avijjā*, 제행諸行 *saṅkhārā*, 식識 *viññāṇa*, 명색名色 *nāmarūpa*, 육처六處[六入] *saḷāyatana*, 촉觸 *phassa*, 수受 *vedanā*, 애愛 *taṇhā*, 취取 *upādāna*, 유有 *bhava*, 생生 *jāti*, 노사老死 *jarāmaraṇa*이지요. 팔정도나 십이연기에서 부처님 당신이 쓰신 이 용어들은 그 당시에 상식화되어있던 어휘들만은 아닐 것 같습니다.

그 가운데서도 특별히 창의적인 담마 언어로 삼마 사띠*sammā sati*를 들 수 있겠습니다. 부처님이 삼마 사띠를 신身·수受·심心·법法, 사념처四念處라고 하셨지요. 그 외에는 삼마 사띠에 대해 부처님이 직접 설명하신 것은 의외로 없습니다. 이렇듯 개념 설명을 직접 하지 않으시니까 경을 볼 때마다 대단히 답답하고 특히나 경을 번역해야 하는 입장에서는 매우 난처합니다.

담마 언어들이 귀에 익으니까 그 용어들을 아는 것 같은데, 막상 그게 무슨 뜻인가 생각하면 가닥 잡기가 쉽지 않습니다. 들어갈수록 애매하고 모호해집니다. 이 용어가 이 경우에는 이렇게 이해가 될 것 같은데, 다른 경우를 보면 그 뜻만이 아니라는 말입니다. 그런데 그 당시에 부처님께 직접 법문을 들은 분들은 뜻이 통했으니까 개념 설명 없이도 알아들었겠지요. 하지만 우리는 근기도 다르고 전혀 다른 시대와 환경에 처해 있으니 이해하려 해도 이해가 안 되고, 그러니 경을 번역하는 데에도 어려움이 많습니다.

어찌 보면 부처님이 쓰신 말은 어휘 하나하나가 전부 화두가 되어버리는 것 같습니다. 우리가 '이거 그런 뜻이려니' 한다면 그것은 다 알음알이 추측에 불과합니다. 그 용어를 부처님이 설명해주시지 않는 거지요. 부처님은 설명을 안 해주시지요. 부처님은 설명 대신에 적절한 비유를 통해서 우리 수행의 길잡이를 제공해 주시는 겁니다. 그런 방식으로 우리의 지혜를 계발해주십니다. 이 점 경전을 주의 깊게 읽어보면 충분히 짐작할 수 있습니다.

경전 도처에서 이러한 부처님의 어법을 만나게 되니까 이것이 매우 중요한 담마 패턴이라는 것을 알 수 있습니다. 여러분도 그걸 아시고 느긋하게 경을 읽어야 합니다. 책 한 번 읽고 다 알려고 하는 조급한 마음부터 먼저 내려놓아야 합니다. 읽다가 조금 막히면 사전을 찾으면서 답이 금방 나올 것으로 기대하지요. 그런 성급한 자세로 읽으면 부처님 본래 뜻을 제대로 알

수도 없거니와 몇 걸음 안 가 피곤하고 지루해져서 경을 덮어 버리게 됩니다. 그러니 지긋하게 허리끈을 풀고 부처님이 주시는 비유가 암시하는 바를 지표로 삼아 실 수행으로 자꾸 궁구해 나갑시다. 그러면 마침내는 하나하나 스스로 터득해 나가게끔 되고 마침내는 안목이 한 단계 높이 트일 것입니다. 그러한 자세로 공부하면 할수록 경이 재미있어지고 공부에도 더 도움이 될 겁니다.

담마 체계의 상호연결성

부처님 담마가 얼마나 논리정연하게 체계화되어 있는가는 사성제四聖諦, 팔정도八正道, 십이연기十二緣起가 빈틈없이 유기적으로 서로 긴밀하게 연결되어 있다는 점만 보아도 잘 알 수 있습니다. 사성제, 팔정도, 십이연기의 핵심을 안다면 불교 교리 체계의 줄기는 이미 파악한 것입니다. 경을 읽든 해설서를 읽든 '대강 이런 이야기구나.' 하고 감을 잡은 다음에 일상에서 경험하는 매사에 담마를 적용하면서 실제로 자신의 공부를 점검, 확인해보게 됩니다. 그러면 공부하는 만큼 조금씩 사성제의 뜻이, 팔정도의 뜻이, 십이연기의 뜻이, 삼십칠 조도품[17]의 뜻이, 마침내는 중도의 뜻이 분명해지기 시작합니다. 당연한 일이지만 생각하면 할수록 참으로 묘하기도 합니다.

거듭 말하지만 초심자들은 성급한 나머지 어디 홀

---

17 37조도품助道品: 초기 불교에 있어서 깨달음에 이르는 37가지 수행 방법. 사념처四念處, 사정근四正勤, 사여의족四如意足, 오근五根, 오력 五力, 칠각지七覺支, 팔정도八正道가 이에 해당한다. 37보리분법菩提 分法, 37각지覺支, 37도품道品 등으로도 불린다.

륭한 해설서나 안내서가 없는지부터 찾습니다. 급하게 궁금증을 다 풀어야 되겠다, 이거지요. 그러나 그런 식으로는 문제 해결이 잘 안 됩니다. 해설서나 참고서를 읽을 당시에는 '아, 그렇구나.' 하면서 무언가 번쩍 열리는 것 같은데, 돌아서면 오히려 더 캄캄해지기 일쑤입니다. 급하다고 서둘면 그렇게 되기 십상입니다.

부처님 가르침을 이해하기 위해 애쓰다 보면 우리는 마침내 '내가 실천해 보는 길밖에 없고, 부단히 노력을 경주하는 길밖에 없다.'는 자각을 하게 됩니다. 그래서 자기도 모르게 敎교와 禪선을 병행하는 노력을 하게끔 되어있습니다. 부처님 담마를 듣고서 진실하게 자기와 대결하는 사람이라면, 틀림없이 교와 선의 병행을 준수하는 길로 나아가게 됩니다. 그 시설과 장치가 사성제, 팔정도, 십이연기에 이미 다 구비되어 있습니다. 실로 이런 빈틈없는 짜임새야말로 부처님이 베풀어주신 최대의 친절로 받아들여야 할 것입니다.

'내가 담마를 지식으로 아무리 추구해 본다 한들 실생활이 이렇게 들떠있고 난마처럼 얽혀 있어서는 안 되겠다, 정말 공부하려면 결국 이 생활부터 가다듬지 않으면 안 되겠다.'고 자각하게 됩니다. 누가 권해서가 아니고 자연히 자기 생활을 정돈하는 노력을 하게 되는데, 그것이 계행戒行입니다. 계와 율이 자리잡히면 선정과 지혜로 나아가게 됩니다. 그리하면 계戒·정定·혜慧, 삼학三學이 맞물려 돌아가게 되는 것입니다. 우리가 선정이든 지혜든 관심을 갖기 시작하면 결국은 계·정·혜, 세 가지를 함께 추구하게 되지요. 그러한 묘방이 근본불교의 가르침에 잘 시설되어 있습니다. 그것이 바로 팔정도입니다. 《중부》, 117경 〈대사십경〉을 보면 분명히 확인할 수 있습니다. 〈대사십경〉에는 팔정도에 바른 지혜와 바른 해탈이 첨가되어 십정도十正道로 나타나는데, 이것은 지혜와 해탈은 팔정도에 이미 전제되어 있다는 소식을 상기시켜준 것입니다.

그러니 여러분은 번거롭게 애써 가며 어찌해야 할까를 걱정할 필요가 없습니다. 교학이든 선정이든 한쪽부터 착수해 보십시오. 어느 쪽이든 일단 착수하면 자연히 '아, 내가 이걸 하려면 저것도 해야겠다.' 하면서 보충하는 노력을 하게 되는데, 결과적으로 삼학을 추구하게 되는 겁니다. 우리는 자기도 모르게 삼학을 두루 한꺼번에 공부하게 된다는 말입니다. 이렇듯 담마는 정밀하게 잘 짜여있습니다. 다만 공부에 어려움이 있다면 나 자신 속에 무슨 문제가 있는지 살펴볼 일입니다. 부처님의 담마 언어는 어느 하나를 취해도 교와 선, 계와 정과 혜, 팔정도와 십이연기와 사성제가 체계적으로 연결되어 우리의 향상을 도와줍니다. 그것이 부처님의 담마 체계가 갖는 참으로 놀라운 상호연결성입니다. 그래서 담마의 한 가닥 끈을 잡아끌면 담마 전체가 마치 그물망처럼 모두 끌려온다는 비유가 경에도 나옵니다.

담마 언어의 실생활화

부처님의 언어는 논리정연하고 세련되고 품격이 갖춰져 있어 참으로 고급스럽습니다. 부처님이 그런 언어를 사용하신 것은 당신 가르침의 대상인 사람들이, 나아가 온 인류가 이처럼 고급스러운 언어를 쓰도록 유도하기 위한 것이라 생각되기도 합니다. 부처님이 궁

극적으로 가르치시려는 것은 해탈·열반입니다. 부처님 당신이 발견하신 진리입니다. 사람들이 해탈·열반을 정말 진지하게 생각하고 그것을 수용할 수 있을 만큼 지적으로 발전을 이루려면 사용하는 언어부터 세련되게 가다듬어져야 합니다. 논리적으로나 문학적 표현법에서나 걸림이 없는 언어로 먼저 다듬어져야 된다는 말입니다.

부처님이 진리를 가르치시면서 잘 다듬어진 담마 언어를 구축하셨습니다. 그것은 우리로 하여금 '담마 언어를 실생활화하라! 담마 언어를 생활에 그대로 응용하고 적용하여 삶의 일부로 만들라!'는 겁니다. 고급스러운 언어를 쓰는 사람은 역시 인품도 점차 달라지겠지요? 부처님은 그 어떤 언어학자라도 비견할 수 없을 만큼 탁월한 언어 조화사造化師이지만 학자는 아니십니다. 학자는 논리 자체에 시종하지만 부처님에게는 논리를 넘어서는 분명한 목표가 있습니다.

부처님은 당신이 발견하신 해탈·열반이 너무나 훌륭하고 절대적인 것이라서 당신 외아들 라아훌라도 주저 없이 출가시키셨지요. 라아훌라가 어렸을 때 어머니가 시켜서 '유산을 주십시오.' 하니까, '내가 발견한 이 최상의 유산을 상속받아라.' 하시면서 그 어린애를 출가시키신 겁니다.[18] 이는 고苦의 종결인 해탈·열반의 메시지가 얼마나 확실하고 소중한 것인지 웅변해줍니다.

부처님이 하신 모든 말씀의 목적은 바로 우리를 해탈·열반으로 이끌어 주시려는 것입니다. 그 때문에 부

---

18 《율장Vinaya》, 〈대품mahāvagga〉, 1:54.

처님 담마 어휘 하나하나는 정밀하고 명확하며 동시에
대단히 전략적이고 실천적입니다.

5. 담마 언어, 시대에 따라 덧칠되다

시대에 따라 윤색된 용어들

부처님 담마처럼 진리를 성공적으로 언어에 담아낸 예는 없습니다. 그러나 그런 담마 언어도 역시 역사의 흐름을 따라 윤색되고 변천되는 과정을 밟아왔습니다. 한 예로 앞에서도 이미 언급한 '선정禪定'이란 어휘에 대해 생각해봅시다. 우리나라에서는 선정이란 말을 수행을 가리키는 한 단어로 쓰지요. 하지만 근본불교에서는 선禪과 정定은 다릅니다. '정定'이란 사마아디samādhi인데, 한문으로는 음역하여 '삼매三昧'라 합니다. 집중이라는 뜻이지요. 이 말이 일상화되면서 '독서

삼매'란 말도 널리 쓰입니다. 일본 사람들은 삼매를 검도에도 적용하지요. 예컨대 닌자가 삼매에 빠져있어 자기도 모르게 칼이 나가서 상대방을 해한다는 것에조차 삼매를 갖다 붙였지요. 심지어 '불교는 삼매를 추구하는 종교다.'라는 인식마저 있습니다. 그러다 보니 삼매를 이루겠다고 이를 악물기도 하여 가히 욕삼매慾三昧라 일컬을 만한 경우도 흔히 연출됩니다.

한편 선정禪定에서의 '선禪'은 빠알리어 '자아나 *jhāna*'를 중국에서 음역한 겁니다. 처음에는 '자아나'라는 말을 '선나禪那'라고 음역했는데 나중에 줄여서 '선禪'이라 쓰게 되었습니다. 선은 한역으로 '정수正受'라 하는데 '올바로 받아들이다.'라는 뜻이지요. 무념무상無念無想의 경계에서 불법을 받아들인다는 말입니다. 또 선은 '사유에 의해서 닦는 공부[思惟修]'라는 한역

풀이도 있습니다. 나중에 이 선禪과 정定을 결합해서 '선정禪定'이라는 새로운 용어가 출현하고, 그것이 일반화된 것입니다.

그런데 애초에 선禪은 팔정도 중의 바른 집중, 정정 正定 sammā samādhi에 해당하는 말입니다. 정정일 때에 나타나는 네 가지 정신적 고양 상태를 사선四禪이라고 합니다. 즉 초선, 2선, 3선, 4선이지요. 이것은 부처님이 특별한 의미를 부여해서 쓰시는 전문용어입니다. 팔정도의 정정이 제대로 이루어지면 색계 사선의 경지에 이르러야 옳지요. 그러니 색계 사선이 아닌 정은 팔정도가 목표로 하는 정이 아직 아니거나 잘못된 것이라고 이해해야 합니다.

정定을 닦는 것은 인더스 문명 시대에 이미 요가 전

통으로 나타납니다. 그러니까 옛날 아리안족이 인도아대륙印度亞大陸을 정복하기 전부터 원주민들에게 정을 닦는 문화가 있었다는 것이지요. 그 후로도 오랜 세월이 지난 다음 부처님이 출현하셨으니까 부처님이 정을 처음으로 가르치신 분은 아닙니다. 오히려 인도에 널리 보급되어 오던 정을 부처님이 체계적으로 자리매김을 하여 정리하셨다고 볼 수 있습니다. 말하자면 '이러이러한 것은 올바른 정이고, 이러이러한 것은 잘못되거나 또는 미흡한 정이다.'라고 부처님이 정리를 해주셨다고 봐야 합니다.

이렇게 볼 때 '불교가 정定, 즉 삼매를 추구하는 종교'라는 인식은 어찌 보면 잘못된 것이려니와 우리가 정定을 가리켜 선정이라 예사롭게 불러버리는 것도 문제가 될 수 있습니다. 이처럼 정확성이 결여되면 길 안

내로서는 미흡할 수 있습니다. 이렇게 역사의 흐름에 따라 변질되거나 모호해진 개념들은 대단히 많습니다. 의意, 마노mano 그리고 식識, 윈냐아나viññāṇa라는 어휘들도 그렇습니다. 식이라고 하면 익숙하지 않고 어렵다 보니까, 의意와 식識을 구분하지 않고 그냥 적당하게 '의식'이라고 얼버무려 놓았지요. 그러다 보니 의가 무엇인지, 식이 무엇인지 전달과 이해가 어려워 혼란을 일으키게 됩니다. 의意와 식識의 본래 뜻이 제대로 전달되지 않는 겁니다.[19]

그러다 보니 담마 언어가 왜곡되는 경우도 생기고 나중에는 불교를 이해하기가 한없이 어려워졌습니다.

---

[19] 활성 스님, 소리 열여덟 《의意를 가진 존재, 사람 – 불교의 인간관》, 〈고요한소리〉(2023) 참조.

94

어려운 불교, 참 곤란한 문제입니다. 사생四生[20]의 자부이신 부처님이 말하자면 초목까지도 다 알아들을 정도로 쉽게 그리고 보편되게 가르치셨을 텐데 세월이 흐르면서 불법이 다양하게 전개됨에 따라 복잡하고 번쇄해지게 되고 자연히 어떤 경우에는 변질되기도 하고 모호해지기도 해서 한없이 어렵게 되어버린 게 아닌가 합니다. 불법 공부에 전념하는 스님들마저도 어려워서 고개를 흔들고 손을 젓는 형국이 되었지요. 그래서는 어떻게 부처님 담마가 법계에 충만하게 퍼질 수 있겠습니까? 일이 지금 그렇게 꼬여 있습니다.

---

20 사생四生: 생명이 태어나는 네 가지 방식. 태생胎生·난생卵生·습생濕生·화생化生.

덧칠 벗기기

다시 역사적 맥락에서 보면 불교가 대승이니 소승이니 하여 분열되는 데까지 이르게 되었습니다. 하지만 우리가 부처님 본래 가르침인 팔정도, 십이연기에다 중심을 잡으면 언제든 항상 담마 안에 있게 됩니다. 그러려면 사성제, 팔정도, 십이연기에 대한 정확한 이해가 선결되어야 합니다. 부처님 담마 가운데 사성제, 팔정도, 십이연기, 오온, 육처, 37조도품, 22근[21] 등이 핵심 개념들인데 그에 대한 연구와 이해보다는 부파 불

---

21 22근根

    ① 감각능력: 안근眼根·이근耳根·비근鼻根·설근舌根·신근身根·의근意根

    ② 특성(징표): 남근男根·여근女根·명근命根

    ③ 감각(느낌): 낙근樂根·고근苦根·희근喜根·우근憂根·사근捨根

    ④ 정련된 정신력: 신근信根·정진근精進根·염근念根·정근定根·혜근慧根

    ⑤ 인식능력: 미지당지근未知當知根·이지근已知根·구지근具知根

교적 논란이 주가 되었지요. 그래서 예를 들면 한국 강원에서 공부하는 학인들 간에는 구사俱舍 3년, 유식唯識 10년 등등으로 공부 기간을 운위하기에 이르렀으니 이런 형편에서 초기불교의 가르침이 과연 학인들에게 얼마만큼이나 관심의 대상이 될 수 있었을까요? 이에 이르러 미상불 진리체계로서의 초기불교 위상이 흔들릴 수밖에 없게 되었다고 하면 과언일까요? 제가 담마와 아비담마[22]에 대한 새로운 인식이 요청된다고 생각하는 소이가 여기에 있습니다. 어쩌면 그것이 이 시대 불교가 새로 태어나는 가장 기초적인 조건이 되는지도 모르겠습니다. 아니 분명히 그러할 것입니다.

부처님 본래 가르침을 되살리는 데 있어서 우리로서

---

22 활성 스님, 소리 열다섯 《담마와 아비담마》, 〈고요한소리〉(2020) 참조.

는 한글의 문제를 극복하는 과제도 만만치 않습니다. 우리가 지금 쓰는 불교의 주요 개념어들이 산스크리트 어를 음사音寫하거나 한문에서 나온 용어들인데, '그런 용어 안 쓰고 부처님 경전을 번역할 길은 없나?' 하고 찾아보면 막막해집니다. 우리말이 한문에 의존해 이렇게 빈약해진 게 참 답답하기도 합니다. 부처님의 원 말씀을 되살리는 큰 과제를 기본으로 해서, 우리 언어도 동시에 살찌우고 성장하는 계기로 삼자는 것이 〈고요한소리〉 빠알리 역경 사업의 취지 중 하나입니다. '역경을 통해서 부처님 뜻을 제대로 찾아내는 가운데 그 뜻을 자연스러운 우리말로 살려내자! 우리말로 부처님 가르침을 소화하고 익혀서 정신적으로 살찌는 전기를 만들자! 그래서 우리 한국불교가 21세기 지구촌 문화 르네상스의 주역으로 발돋움하자!' 그런 뜻입니다.

거듭 말하건대 우리는 담마 언어들의 뜻을 분명하게 가닥 지어 나가는 일을 기필코 해내야 합니다. 그래야 부처님 가르침에 담겨 있는 오묘하고 심오한 뜻들이 제대로 선명하게 살아날 수 있습니다. 그러려면 우리가 부처님 이후의 각 시대별 특정 역사적 상황 속에서 피력된 견해와 입장들을 다 넘어서 덧칠을 벗겨내고 부처님이 말씀하신 바로 그 입장에 다가가 용어들을 써야 합니다. 저는 그랬으면 하는 소망을, 대단히 간절하면서도 실현은 거의 불가능할지도 모르는 소망을 놓지 못하고 있습니다. 불가능할지라도 그래도 그 자세만은 지녀야 하지 않겠나 하는 것이 제 소박한 서원입니다.

창조적 고뇌

우리는 부처님 본래 가르침으로 항상 돌아가야 합니다. '천상천하天上天下 유아독존唯我獨尊' 하신 부처님이 막상 깨달으신 후에는 얼마나 큰 노고를 겪으며 담마를 펴셨는지 생각해 봅시다. 잘 알아듣지도 못하는 중생들을 상대로 누구에게나 설법하시고 심지어 바라문들에게 '까까중아'라고 수모와 조롱을 당하시기까지 하면서도 굴하지 않고 담마를 펴셨던 그 자세, 그걸 이 시대 우리가 다시 배우고 실현해야 합니다.

우리는 대승불교의 전통을 이어왔는데, 최근에는 위빳사나를 포함한 남방의 전통들이 들어와 유행하기도 합니다. 하지만 우리에게 주어진 가장 중요한 과제는 대승이니, 소승이니, 위빳사나니 할 게 아니라 부처님 원래 가르침을 살려내는 것입니다. 그런데 남방 불교가 바로 부처님 원래 가르침을 온전히 지닌 그런 불교가 아닌가 하고들 쉽게 생각하는 경향이 있는데, 그렇지 않습니다. 잘 알려진 바와 같이 오늘날 남방 불교에 역사상 주동적 역할을 수행해 온 스리랑카를 예로 들어봅시다. 스리랑카 불교는 빠알리 불교를 굳건히 수호해온 빛나는 전통을 지녔지만 한편 기나긴 세월을 겪다 보니 부지불식간에 역사의 때가 덧칠되어 부파불교 시대의 상좌부 중 설일체유부의 전통을 중심으로 하여 간신히 명맥을 잇기에 급급한 형편인 것 같은 느낌도 지울 수 없습니다.

그렇지만 잘 알려진 바와 같이 스리랑카에는 빠알리 경전이 잘 보전되어 있습니다. 그 덕분에 스리랑카 불교는 이 시대 부처님 원음을 살려내는 데 결정적 역할을 하고 있습니다. 2500년 역사의 격류를 견뎌내며 이만큼 원형을 온전히 보전해 온 예는 역사상에도 흔치 않은 일이지요. 다만 그 소중한 보물이 보물답게 광휘를 발하도록 여건을 조성해주기에는 우리의 눈에 너무 때가 많이 묻어있다는 크나큰 문제가 지대한 난관이 되어있습니다. 특히 북방의 대승불교 전통의 사회에 태어난 우리 세대에게 남방 불교의 수용 문제 역시 여기에서 벗어나는 것이 아닐 것입니다. 부처님 당시의 사부대중에 비해 우리의 눈, 우리의 심성이 그 맑기에 있어 과연 비교가 될 수 있을까요? 따라서 부처님 원음을 발굴하는 일은 전적으로 우리 눈의 문제이지 재료의 문제가 아닙니다.

이런 면에서 시대고時代苦를 극복하려는 창조적 고뇌가 필요합니다. 이런 상황이다 보니 역경 사업 시도

가 이렇게 시간도 걸리고 과연 빠알리 경전 역경을 감당해낼 수 있을지, 사실 너무 무모하게 거창한 일을 시작한 게 아닌지 하는 두려움도 떠나지 않습니다. 하지만 미리 재보고 안 될 일은 안 하고 될 일만 하는 태도는 부처님의 제자가 절대로 가져서는 안 되지요. 부처님의 원래 정신을 기리고 살려내려면 부처님과 같은 원력이 필요합니다. 그래야 불교가 살고, 불교가 살아야 우리도 살고, 인류도 살 수 있게 된다고 믿습니다.

6. 과학 시대의 담마 언어

여러분, 다시 중언부언하는 꼴이지만 고苦 이야기 질색이지요? 부처님은 사성제에서 고성제부터 말씀하셨습니다. 진리를 우회하지 않고 정면으로 표현하시는 부처님의 정공법은 오랫동안 세상에서 기피되어왔습니다. 그렇지만 부처님처럼 고苦를 오히려 제일 앞에 내세우고, 논리적으로나 정서적으로 필요한 언어체계를 다 동원해서 그 고苦를 인식하고 수용하도록 만드는 게 요즈음 말로 가장 스마트한 길일 것입니다. 진실은 있는데 자꾸 외면하는 건 가식이고 속임수입니다. 흔히 겉모양은 세련되어 보일지 모르지만 속살림이 그렇지 않은 경우가 많지 않습니까. 진정한 세련이란 안

팎이 다 똑같아야지요. 이제 우리 인류는 싫고 두려워
도 마음 열고 고성제를 받아들일 만큼 성숙 되어야 합
니다. 아무리 고苦를 외면하고 피하려고 해도 도저히
피할 길이 없지 않습니까.

　　오늘날 과학기술은 발전했다지만 그 결과는 오히려
인류를 살아남느냐 죽느냐 하는 절체절명의 위기로 몰
아넣었습니다. 그 앞에서는 고苦라는 말도 오히려 너무
가볍고 무게가 떨어질 판이지요. 지구촌이 이제 끝장
난다는 건데 그것도 먼 미래의 이야기도 아니라는데,
이런 현실 앞에서 우리가 고苦를 외면하고 어디로 숨
어들 겁니까? 부처님은 고苦를 피할 수 있는 곳은 이
세상 그 어디에도 없다고 하셨습니다.

하늘 위에도 바닷속에도 산의 동굴에 들어가도

악업에서 벗어날 수 있는 곳은 이 세상 그 어디에도 없다.
하늘 위에도 바닷속에도 산의 동굴에 들어가도
죽음이 정복할 수 없는 곳은 이 세상 그 어디에도 없다.[23]

오늘날 과학과 기술이 인류 위기의 주범이 된 데에
는 이유가 있습니다. 칸트식으로 이야기하자면 이성과
오성이 있는데, 그중에 오성으로서 진리를 추구하는
것이 과학이거든요. 오성은 감관을 통해서 사물을 인
식하고 거기에 논리적 조작을 가하는 능력인데, 그것
이 바로 과학적 사유 능력입니다. 그런데 칸트는 '오성
은 이성보다 낮은 거다.'라고 하지요. 이성은 직관력이

23 *Na antalikkhe na samuddamajjhe, na pabbatānaṃ vivaraṃ pavissa;*
Na vijjati so jagatippadeso, yatthaṭṭhito muñceyya pāpakammā.

Na antalikkhe na samuddamajjhe, na pabbatānaṃ vivaraṃ pavissa;
Na vijjati so jagatippadeso, yatthaṭṭhitaṃ nappasaheyya maccu.

《담마빠다*Dhammapada* 法句經》, 게송 127~128, 19쪽.

니 그것보다 낮은 게 오성이다, 이겁니다. 오성이 바로
논리 희롱입니다.

그것을 부처님 가르침에서는 빠빤짜*papañca*라고 합
니다. 빠빤짜는 우리의 사유가 자꾸만 번져나가서 확
대되고 확산되는 것, 자꾸 가지를 치고 뻗어 나가는 것
을 말합니다. 한문으로 희론戲論인데 말하자면 논리
장난이지요. 오늘날 과학을 위시해 모든 학문 치고 논
리 장난 아닌 게 있습니까?

그런데 참 놀랍게도 부처님이 오늘날 학문의 이런
처지를 예견이나 하신 듯이 말씀하신 게 있어요. 《숫
따니빠아따*Suttanipāta*》에 보면 '빠빤짜상카는 산냐에

기인한다*saññānidānā hi papañcasaṅkhā*.'**24** 이렇게 말씀하셔요. 빠빤짜상카는 산냐로 인해 발생한다는 거지요. 산냐는 상想이고, 상카는 계산, 열거, 수數입니다. 즉 빠빤짜상카는 과학적 가설과 이론 그리고 수학에 해당합니다. 그렇게 보면 오늘날 과학이나 모든 학문이 그대로 빠빤짜상카입니다. 수학의 도움을 입어서 논리적 정당성을 구축하는 언어들이 자꾸 번져나가니 그게

---

24 산냐로 산냐 행을 하는 사람도 아니고

산냐를 비껴나서 산냐 행을 하는 사람도 아니고

무상無想을 닦는 사람도 아니고

무유無有를 닦는 사람도 아니다.

이런 부정적 조건들을 다 넘어선 사람에게서 색은 사라진다.

빠빤짜를 형성하는 그 모두가 실로 산냐에 연원하기 때문이다.

Na saññasaññī na visaññasaññī, no pi asaññī na vibhūtasaññī;
Evaṃ sametassa vibhoti rūpaṃ, saññānidānā hi papañcasaṅkhā.

《숫따니빠아따*Suttanipāta*》, 〈투쟁과 논쟁의 긴 경*Kalahavivādasuttaṃ*〉, 게송 874, 170쪽.

빠빤짜상카이지요. 학문의 세계는 희론의 세상입니다. 그러다 보니 결과적으로 환경파괴, 자원고갈, 핵무기가 생겨나면서 인류의 종말을 예고하게 되었습니다.

그동안 과학기술은 자본주의식으로 그리고 펜타곤 식으로 욕망을 키우고 생명을 죽이는 방향으로 달려왔습니다. 그것은 과학기술 자체가 문제가 아니라, 시장과 권력이 연구자금과 장학금을 통해 과학기술을 그런 방향으로 이끌어왔기 때문입니다. 효율을 높이긴 하였으나 결국 사람을 해치고 자연 파괴를 극대화하는 방향으로 과학기술을 밀어붙여왔지요.

이런 상황에서 과학기술이 올바른 방향으로 전환하도록 부처님 담마가 과학에 도움을 줘야 하지 않겠습니까? 마침 과학에서 양자역학 등등 새로운 사조가 나타나면서, 과학이 부처님 담마에 접근해오는 일들이 발생하고 있습니다. 역사적으로 보면 대단히 혁명적인 일입니다. 부처님 가르침이 과학기술에 새로운 가치관과 지혜를 제공할 수 있다면, 생명을 살리고 지구를 살리고 우주를 살리는 새로운 방향으로 전환하는 데에 도움을 줄 수 있을 것입니다. 그러면 불교는 이 시대의 위기를 극복하고 인류가 살아남도록 돕는 역사적 역할에 일조하는 겁니다.

사실 과학도 진리를 정면으로 다루려고 한다는 점에서는 불교와 유사합니다. 과학 언어도 논리적이고 체계적이면서 정확한 뜻을 담으려고 합니다. 바로 그러한 태도 때문에 오늘날 과학 시대에 불교가 새로 주

목을 받고 있는 것은 우연이 아닙니다.[25]

　　요즈음 불교는 과학뿐 아니라 윤리 도덕면에서 지구촌 사람들로부터 도움의 손길을 시급히 요청받고 있습니다. 이러한 때에 불교가 그들을 맞이할 준비가 되어있느냐가 문제입니다. 일단 빠알리 경전 번역에 있어서 윤리 도덕면에서는 불교가 그동안 주력해온 사업 분야이니 그 방면에서 언어의 쇄신과 변혁만이 필요하다고 앞에서 언급한 셈인데, 급선무는 첨단과학을 불교적으로 참신하게 용융融容 해낼 언어를 갖추는 것입니다. 나아가 부처님이 쓰셨던 정공법을 되살려 과학에 보다 큰 진리, 보다 큰 지혜를 제시할 수 있어야 합니다. 그러려면 오늘날의 불교가 변해야 합니다. 그것

---

25 활성 스님, 소리 열 《불법과 과학의 융합》, 〈고요한소리〉(2022) 참조.

도 창발적 혁신이 필요합니다. 그래서 역사의 덧칠을 벗겨내고 부처님 원래 가르침으로 돌아가 그야말로 이 시대 아비담마를 이루어내야 하겠습니다.

다시 강조하건대 '고苦다! 그 고를 해결하는 길은 팔정도, 즉 중도中道다!' 바야흐로 중도야말로 과학을 살리고 인류를 살리는 길이라는 이야기를 해야 할 시점, 그것이 먹혀들 수 있는 요건이 갖추어져 가는 시점이 이미 닥쳐왔습니다. 이 시대적 요청에 현명하게 부응하는 것이 오늘날 불교권에 주어진 역사적 사명일 것입니다. ✸

━━━ 말한이 **활성** 스님

1938년 출생. 1975년 통도사 경봉 스님 문하에 출가.
통도사 극락암 아란야, 해인사, 봉암사, 태백산 동암, 축서사 등지에서
수행정진. 현재 지리산 토굴에서 정진 중. 〈고요한소리〉 회주

━━━ 엮은이 **김용호** 박사

1957년 출생. 전 성공회대학교 문화대학원 교수 (문화비평, 문화철학).
〈고요한소리〉 이사

─── 〈고요한소리〉는

∘ 붓다의 불교, 붓다 당신의 불교를 발굴, 궁구, 실천, 선양하는 것을 목적으로 설립되었습니다.

∘ 〈고요한소리〉 회주 활성스님의 법문을 '소리' 문고로 엮어 발행하고 있습니다.

∘ 1987년 창립 이래 스리랑카의 불자출판협회BPS에서 간행한 훌륭한 불서 및 논문들을 국내에 번역 소개하고 있습니다.

∘ 이 작은 책자는 근본불교를 중심으로 불교철학·심리학·수행법 등 실생활과 연관된 다양한 분야의 문제를 다루는 연간물連刊物입니다. 이 책들은 실천불교의 진수로서, 불법을 가깝게 하려는 분이나 좀 더 깊이 수행해보고자 하는 분에게 많은 도움이 될 것입니다.

∘ 이 책의 출판 비용은 뜻을 같이하는 회원들이 보내주시는 회비로 충당되며, 판매 비용은 전액 빠알리 경전의 역경과 그 준비 사업을 위한 기금으로 적립됩니다. 출판 비용과 기금 조성에 도움 주신 회원님들께 감사드리며 〈고요한소리〉 모임에 새로이 동참하실 회원을 기다리고 있습니다.

∘ 〈고요한소리〉 책은 고요한소리 유튜브(https://www.youtube.com/c/고요한소리)와 리디북스RIDIBOOKS를 통해 들으실 수 있습니다.

∘ 카카오톡 채널(https://pf.kakao.com/_XIvCK)을 친구 등록 하시면 고요한편지 등 〈고요한소리〉의 다양한 소식을 받으실 수 있습니다.

◦ 〈고요한소리〉 홈페이지 안내

  - 한글 : http://www.calmvoice.org/

  - 영문 : http://www.calmvoice.org/eng/

◦ 〈고요한소리〉 회원으로 가입하시려면 이름, 전화번호, 우편물 받을 주소, e-mail 주소를 〈고요한소리〉 서울 사무실에 알려주십시오. (전화: 02-739-6328, 02-725-3408)

◦ 회원에게는 〈고요한소리〉에서 출간하는 도서를 보내드리고, 법회나 모임·행사 등 활동 소식을 전해드립니다.

◦ 회비, 후원금, 책값 등을 보내실 계좌는 아래와 같습니다.

국민은행	006-01-0689-346
우리은행	004-007718-01-001
농협	032-01-175056
우체국	010579-01-002831
예금주	**(사)고요한소리**

── 마음을 맑게 하는 〈고요한소리〉 도서

금구의 말씀 시리즈

하나	염신경念身經
둘	초전법륜경初轉法輪經
	초전법륜경初轉法輪經(확대본)
	초전법륜경初轉法輪經(독송본)

소리 시리즈

하나	지식과 지혜
둘	소리 빗질, 마음 빗질
셋	불교의 시작과 끝,. 사성제 – 四聖諦의 짜임새
넷	지금·여기 챙기기
다섯	연기법으로 짓는 복 농사
여섯	참선과 중도
일곱	참선과 팔정도
여덟	중도, 이 시대의 길
아홉	오계와 팔정도
열	과학과 불법의 융합
열하나	부처님 생애 이야기
열둘	진·선·미와 탐·진·치
열셋	우리 시대의 삼보三寶

법륜 시리즈

보리수잎 시리즈

붓다의 고귀한 길 따라 시리즈

단행본

소리·스물일곱

부처님의 언설과 어법

초판 1쇄 발행 2024년 5월 15일
초판 2쇄 발행 2024년 7월 15일

말한이   활성
엮은이   김용호
펴낸이   하주락·변영섭
펴낸곳   (사)고요한소리
제작   민속원 02-806-3320

등록번호 제1-879호 1989. 2. 18.
주소   서울시 종로구 인사동길 47-5 (우 03145)
연락처   전화 02-739-6328 팩스 02-723-9804
         부산지부 051-513-6650 대구지부 053-755-6035
         대전지부 042-488-1689 광주지부 02-725-3408
홈페이지 www.calmvoice.org
이메일   calmvs@hanmail.net
ISBN   979-11-91224-40-5

         값 1,000원